CAMINHOS DE AUTOSSUPERAÇÃO

RELATO DE MAXIDISSIDÊNCIA IDEOLÓGICA

REINALDA FRITZEN

CAMINHOS DE AUTOSSUPERAÇÃO

RELATO DE MAXIDISSIDÊNCIA IDEOLÓGICA

EDITARES

FOZ DO IGUAÇU, PR

2013

1ª Edição – Tiragem: 1.500 exemplares.

Capa: Luciano Melo.
Revisão: Equipe de revisores da Editares.
Produção Editorial: Epígrafe Editorial e Gráfica Ltda.
Impressão: Edelbra Editora e Gráfica Ltda.

F919c Fritzen, Reinalda

Caminhos de autossuperação: relatos de maxidissidência ideológica. / Reinalda Fritzen; [prefácio de Hernande Leite]. -- Foz do Iguaçu : Editares, 2013.

230 p.

Inclui glossário.
Inclui bibliografia.

ISBN 978-85-98966-80-9

1. Conscienciologia. 2. Recexologia. 3. Autobiografologia I. Título.

CDD 133

Tatiana Lopes CRB 9/1524

EDITARES

ASSOCIAÇÃO INTERNACIONAL EDITARES
Av. Felipe Wandscheer, 5.100, sala 107, Cognópolis
Foz do Iguaçu, PR – Brasil – CEP: 85856-530
Tel/Fax: 45 2102 1407
E-mail: editares@editares.org.br – *Website:* www.editares.org.br

AGRADECIMENTOS

Aos meus pais, Lili Blondina Backes Fritzen e Wilibaldo Fritzen (*in memoriam*), declaro amor profundo por terem oportunizado o meu renascimento, além do apoio, incentivo, dedicação e amparo intrafísico.

Aos meus irmãos, Pedro Anildo (*in memoriam*), Maria Elíria, Lotário, Nadir, Nelsy, Sinclair, Tarcísio, Roseli e Cleonice, agradeço pela oportunidade de convivência e crescimento.

Ao Balbino Scheffer de Oliveira, meu marido e parceiro evolutivo, pela confiança e auxílio no resgate de valores e autoestima. Presença forte, paciente e incentivadora na escrita deste livro.

Ao jovem Francisco Paulo Martins Junior, deixo aqui o registro sincero da minha gratidão pelo trabalho de digitação deste livro.

À amiga Vera Regina Ferreira dos Anjos pelo trabalho incansável de revisão, digitação e acompanhamento da gestação e conclusão deste livro.

Aos colegas e amigos Guido Valdir Wayhs e Gelsi Wolhmuth, sempre disponíveis para auxiliar em todas as etapas desta autopesquisa.

Agradeço de modo especial às equipes intra e extrafísicas, aos amparadores e revisores. Em especial, agradeço à Rosemary Salles pelo bom humor e criticidade nas várias versões do livro; à Mabel Teles pela precisão e clareza de ideias; ao Marcelo da Luz pela interlocução e exemplarismo assistencial; à Sandra Tornieri pelo amparo e presença incentivadora; à Silvia Muradás pelo auxílio e força presencial; ao Antonio Pitaguari, primeiro leitor e auxiliar na produção deste livro; à Julieta Mendonça pela competência na revisão gramatical e linguística; ao Cláudio Monteiro pelas ideias do sumário; ao Ernani Brito, um grande incentivador da ideia deste livro; ao Eucárdio De Rosso, pela revisão e sugestões; a todos os escritores da Comunidade Conscienciológica Cosmoética Internacional que, com seu exemplo, mostraram-me ser possível escrever um livro. A todos o meu reconhecimento.

Agradeço a Hernande Leite pela leitura técnica, revisão, assistência e ajustes finais que auxiliaram muito para a conclusão desta gescon e também pela elaboração do prefácio.

Aos colegas e revisores da Editares, em especial, a Ulisses Schlosser, e Tony Musskopf, editor da obra que, com empenho e profissionalismo, auxiliaram na gestação deste livro.

Por fim, um agradecimento todo especial a Waldo Vieira, amigo e incentivador incansável e exemplo de produtividade literária conscienciológica, que muito me auxiliou com a generosidade de permitir o acesso às suas técnicas para o êxito da produção desta gestação consciencial.

SUMÁRIO

Parte 2

Fase do convento

De 12 a 36 anos de idade

Parte 3

Fase da recomposição

36 aos 54 anos de idade

Parte 4

Fase da reciclagem consciencial

54 anos em diante

PREFÁCIO

A evolução consciencial é o desenvolvimento da maturidade íntima com reflexos homeostáticos na convivência interconsciencial. Tal maturidade está diretamente relacionada à capacidade de soluções de problemas e conflitos existenciais. Como aprender a resolver problemas e superar obstáculos sem tê-los?

A cada renascimento, nesta dimensão, temos a oportunidade de desenvolver a autossuperação através da programação milimétrica de desafios componentes da programação existencial pessoal, cujo êxito nos conduz ao estado de completude do estágio específico (completismo existencial), pré-requisito para a próxima etapa evolutiva.

Os maiores desafios a serem enfrentados encontram-se na esfera afetiva, oriundos dos relacionamentos interconscienciais, importantíssimos à evolução grupal, iniciando-se pela família consanguínea.

O sonho com a vida fácil, sem obstáculos, sem frustrações, sem desgastes, o almejado *berço de ouro,* reserva-se às consciências carentes de inteligência evolutiva, imersas na fantasia imaginativa da vida única, cujo bem-estar resume-se ao gozo hedônico e fugaz das realizações materialistas.

Esta obra expõe a realidade dos desafios evolutivos a serem enfrentados por aqueles cansados das mesmices seculares, dos comportamentos pueris e desejosos de superar o estado simiesco e encarar a verdadeira condição de *Homo sapiens sapiens.*

A autora renasce em plena exibição do teatro de horror da humanidade, a Segunda Guerra Mundial, tendo ascendência dos seus protagonistas e mostra a factibilidade da convivência madura, pacífica e interassistencial, fruto da inteligência evolutiva, rompedora de barreiras territoriais, raciais, socioeconômicas e intelectuais.

A narrativa autobiográfica, verdadeiro *striptease* consciencial, revela o despojamento do orgulho próprio, deixando emergir as imaturidades recônditas, prova inequívoca da busca da autotransparência e autenticidade consciencial.

Em nenhum momento, percebem-se a postura de autovitimização, mágoas, vergonha e revolta, tanto pelas condições do renascimento quanto pelos percalços encontrados, mesmo provindos de pessoas com estreito vínculo afetivo. A autora trilha seu caminho evolutivo, acertando as pendências dos laços religiosos e políticos, exercendo seus trafores de liderança, de comunicabilidade tarística, pacifismo, bom-humor e, acima de tudo, de benevolência interassistencial.

O leitor poderá desfrutar de uma autêntica aula sobre Evoluciologia, pelo exemplarismo teático de uma autora, colega de mesmo patamar evolutivo que, sem meias palavras, explicitou os pormenores de sua vivência pessoal, passando pela interprisão grupocármica, pelo enfrentamento das imaturidades e pela superação dos gargalos evolutivos pessoais, legítima autoconsciencioterapia, galgando patamares interassistenciais avançados pela tares e tenepes, exemplo inequívoco de completismo existencial.

Hernande Leite
Médico e pesquisador da Conscienciologia
Foz do Iguaçu, abril de 2013.

APRESENTAÇÃO

Este livro trata de processos libertários, fruto de buscas persistentes de quem os anos já marcaram rugas no rosto.

Ao lançar um olhar para trás, com intuito de escrever sobre a vivência pessoal, imaginava que dois anos seriam suficientes para completar a tarefa. Mas me enganei, pois passei cerca de seis anos empenhando-me para colocar no papel o conteúdo desse verdadeiro laboratório de autopesquisa, que foi o mergulho na própria intimidade. Ancorada nas vivências diárias, a pesquisa se aprofundou, enriqueceu e desdramatizou-se.

Pesquisar-me e escrever este livro foi um resgate de ideias inatas que me permitiram melhor compreensão dos esforços empenhados em busca de respostas para o verdadeiro sentido da vida. Expor as ideias, com sinceridade e de maneira simples, não deixa de ser um grande desafio e uma forma de autossuperação. Percebi que a própria vida oferece imensa riqueza de informações; o que se precisa é querer aprender. Neste trabalho de reciclagem existencial, encontrei o espaço para rever, repensar e reorganizar a minha vida.

Para isentar-me do emocionalismo ao relatar certas vivências, busquei empregar o máximo de racionalidade, uma vez que o objetivo é o esclarecimento. Ver os fatos como em um filme que passava na tela mental foi um dos recursos que me auxiliou.

Procurei organizar o livro seguindo a cronologia das fases e etapas da vida. Omiti nomes de pessoas e de alguns locais a fim de não comprometer ninguém, o que não significa que essas pessoas e esses lugares não foram importantes.

A primeira parte é composta do relato da minha infância com todas as experiências e consequentes lições que deixaram marcas. Na parte 2, encontram-se a retrospectiva da vida no convento com os aprendizados lá conquistados, e a percepção de que a tão desejada perfeição jamais seria alcançada. Decidi, irreversivelmente, desvincular-me da instituição religiosa solicitando a demissão do juramento.

Na parte 3, que é a da recomposição, há a descrição dos novos rumos tomados, com enfoque na minha atuação profissional nos movimentos e organizações populares, nos movimentos sindicais, nas pesquisas de medicina e na alimentação alternativas e a militância política. Na época, eu acreditava ainda que, por meio do esforço coletivo das classes populares, era possível mudar a vida das pessoas e conquistar a sonhada justiça social, promovendo o bem-estar da humanidade e assegurando direitos iguais. Enganei-me, e a prova desse engano foi a desintegração desses grupos sem nenhuma perspectiva de mudança.

Atualmente, pelo intermédio do conhecimento da Conscienciologia e a nova visão da vida, reconheço que, para a época, procurei fazer o melhor. No entanto, o que fiz não deixou de ser, ainda naquele momento, uma utopia, a ideia altruísta da tão "sonhada igualdade social". Apesar do engodo, o esforço levou-me a um grande aprendizado, tendo eu encontrado pessoas bem intencionadas e dispostas a enfrentar a resistência da maioria da população inerte, acomodada em seu mundinho.

A questão da igualdade e da justiça social é paradoxal. Ambas implicam na mudança de comportamento social, contudo muitas vezes esta busca mascara intenções espúrias, pois pessoas bem-intencionadas são usadas por grupos com interesses religiosos ou políticos, que manipulam o povo para conquistar o poder. Transformações sociais requerem mudanças dos indivíduos que compõem a sociedade.

A parte 4 deste livro trata da reciclagem existencial que vivenciei, ilustrando-a com a minha história de vida.

Apesar de toda dedicação e do esforço para melhorar, a sensação de ter algo maior a realizar acompanhou-me por toda existência. Quando ainda envolvida nos movimentos populares, tive o primeiro contato com a Conscienciologia, o que me despertou para a realização de uma verdadeira virada de mesa, ou seja, o início da reciclagem consciencial. Ao conhecer esta ciência, questionava-me sobre os motivos e as consequências de eu me dedicar tanto aos outros e deixar de lado as necessidades pessoais.

À medida que fui ampliando o conhecimento da Conscienciologia, comecei a entender os motivos do mal-estar. Percebi-me desapontada com as verdades consideradas absolutas e com as crenças e misticismos. Tudo serviu como uma grande experiência, mas em hipótese alguma quero repeti-las em nenhuma de minhas futuras existências.

Cheguei à conclusão de que a maior causa de meu conflito íntimo estava ligada à busca do acesso ao eu interior, que erroneamente busquei na imitação dos santos, nas penitências e nas lutas populares. O prestígio e o reconhecimento eram os mecanismos que me auxiliavam na dissimulação da verdadeira causa das frustrações conscienciais.

Além da participação nos cursos, no voluntariado e nos laboratórios do CEAEC – Centro de Altos Estudos da Conscienciologia, eu mergulhei na leitura dos livros de Conscienciologia. Cheguei à conclusão de que não é simples estudar e conhecer a consciência em suas múltiplas manifestações, além de deduzir que a dona da minha vida sou eu, e que tudo depende de minhas opções e de saber que não é possível evoluir sozinha.

Foi preciso muita coragem e persistência para iniciar essa mudança e continuar investindo na execução da programação existencial, procurando o completismo e buscando a desperticidade. É importante ressaltar, entretanto, o auxílio dos amparadores, sempre presentes no processo de mudança consciencial.

Reinalda Fritzen
Foz do Iguaçu, 25 de abril de 2013.

PARTE 1

FASE DA CASA PATERNA

DO NASCIMENTO ATÉ 12 ANOS DE IDADE

CAPÍTULO 1

A INFÂNCIA – CONVIVÊNCIA COM O GRUPOCARMA

Vida, oportunidade evolutiva

Foi na madrugada do dia 6 de janeiro de 1942, verão, que eu nasci.

Ao anoitecer, minha mãe entrou em trabalho de parto e meu pai foi em busca do auxílio da parteira, que só pôde chegar de madrugada. Minha mãe deu à luz, ajudada pela parteira e por meu pai, após muitas horas de expectativa para acolher a menina, ou o menino. Na época, a hora do nascimento da criança se constituía sempre em uma surpresa quanto ao sexo. Não havia exame pré-natal.

No contexto em que vim ao mundo, a chegada de um filho era um momento importante, gerando grande responsabilidade. As histórias a respeito de cada filho, que minha mãe costumava relatar, demonstravam sua capacidade de vencer obstáculos e de encontrar soluções para os problemas, por mais difíceis que se apresentassem. Os partos aconteciam em casa, acompanhados pela parteira. Como nasciam muitas crianças, nem sempre a parteira chegava a tempo, o que ocorreu no meu caso.

Na época, a humanidade passava por um dos mais sangrentos acontecimentos históricos do século XX, a Segunda Guerra Mundial. O trio formado pela Alemanha, Itália e Japão, ou seja, as chamadas Nações do Eixo, levaram vários países do mundo a unirem-se aos interesses espúrios da Guerra.

O Brasil, dirigido pelo ditador Getúlio Vargas, foi coagido pelas manifestações antifascistas a entrar na guerra. As promessas de auxílio ao crescimento econômico e social e a política de colaboração, acenadas pelo presidente americano Franklin D. Roosevelt (1882–1945), levaram o Brasil a enviar soldados para combate.

Esse acontecimento inquietou os colonos descendentes de alemães, inclusive meu pai, pela possibilidade de serem convocados a qualquer momento para integrar as tropas alemãs. Além da insegurança e do medo, a guerra provocou um grande racionamento de alimentos e crise em todos os setores.

A existência humana é o conjunto holobiográfico, histórico, marcado por experiências de conquistas e derrotas, de acertos e erros e de encontros e desencontros da consciência neste planeta. Todo renascimento chancela uma nova oportunidade evolutiva, estimando-se que a consciência é mais antiga que a própria existência deste planeta, chamado Terra. Esse argumento nos faz concluir que nossa verdadeira origem é extrafísica, ou seja, nossa origem está além desta dimensão *do aqui e agora.* Somos seres de múltiplas vidas, isto é, vivemos várias vidas, sendo que entre *idas* e *vindas,* só trocamos o corpo físico, porém a mesma consciência é fadada a evoluir a cada existência.

Tendo em vista a indestrutibilidade da consciência, é fundamental a autoevolução. Investir na renovação íntima, buscando o autoconhecimento e transformando o meio em que nos inserimos, é uma meta evolutiva.

Nascer em um novo corpo físico implica em uma grande responsabilidade de autogestar os rumos da própria existência. Não importa a localidade, a cidade, o estado ou o país em que se renasceu, o importante é descobrir por qual razão viemos a esta vida e o que devemos fazer aqui para melhorar e modificar o meio onde nos inserimos.

Este foi um dos motivos que me levou a empenhar tanto esforço com o objetivo de descobrir qual seria o meu papel dentro do contexto em que eu estava imersa. Compreender que o nascimento de uma criança leva a uma série de ações, que implicam em mudanças na forma de pensar e agir, é de suma importância.

Houve um impacto com o meu nascimento, pois os familiares esperavam um menino ao invés de uma robusta menina. Era costume, na região onde nasci, os meninos auxiliarem os pais na lavoura, ao passo que as meninas eram as ajudantes na lida da casa.

Contam os antigos que, entre os preparativos para a chegada de uma criança, era de praxe os outros filhos serem retirados de sua residência, uma vez que o parto acontecia na própria casa. Algum parente, ou vizinho, acolhia as crianças por três ou quatro dias, dependendo do tempo do trabalho de parto. Naquela época, o ato de dar à luz a uma criança jamais poderia acontecer com adolescentes ou com crianças na casa.

Também era costume as parturientes permanecerem reclusas em suas casas durante 40 dias, período em que não poderiam frequentar qualquer lugar público, nem mesmo a igreja. Após esse período, tinham que se apresentar ao padre, para receber a benção e a purificação. Essa cena eu acompanhei várias vezes, porque nasceram mais sete irmãos depois de mim.

Sempre que nascia uma criança na comunidade, as famílias tinham o costume de dirigirem-se à casa do recém-nascido prestando ajuda e solidariedade. Levavam mantimentos, frutas e tudo o que poderia ser útil. Até as roupinhas do recém-nascido eram emprestadas de uma família para a outra. Sempre surgia alguém que se prontificava a realizar as lidas da casa onde havia nascido uma criança. Na maioria das vezes, eram as jovens moças da comunidade. Isso era possível por haver confiança mútua e naturalidade, sem o peso da cobrança. Esses atos de solidariedade, entre os vizinhos do povo da roça, funcionavam como sinal de amizade e de mútua colaboração, ajudando a superar as maiores dificuldades. Na época, não havia o auxílio natalidade nem a licença maternidade para as gestantes, benefícios garantidos por lei, atualmente, a todas as mulheres.

Cooperação – Responsabilidade de todos

A subsistência era mantida por meio da solidariedade, da cooperação e da participação. Cada membro da comunidade participava dos trabalhos no plantio, na colheita e no preparo dos alimentos ao seu modo, pois as interações humanas calcavam-se no respeito à individualidade e no aproveitamento dos dotes de cada um. Eu achava muito bonito quando os vizinhos se uniam em mutirão, ou puchirão (putirão), nos plantios e nas colheitas das roças de trigo e milho, ou na capina e limpeza no preparo da terra para o plantio. De longe, podiam-se ouvir as conversas animadas e os risos dos trabalhadores.

Todos participavam na carneação e no preparo dos derivados dos porcos – morcela, torresmo e banha. Não havia geladeira. Para conservar as carnes, era necessário fritá-las e acondicioná-las em latões, junto com a banha. O panelão usado para fritar era compartilhado. Costumava-se também trocar produtos, como, por exemplo, uma bolsa de feijão por uma bolsa de arroz, ou outros gêneros alimentícios. Era gratificante receber frutas do pomar do vizinho, quando o nosso não havia produzido. Atualmente, as feiras livres e os mercados nos oferecem os produtos que necessitamos; a evolução e o progresso facilitaram e auxiliaram, em muito, o acesso das pessoas à obtenção desses gêneros de primeira necessidade. Também eram emprestadas ferramentas de trabalho: enxadas, arados e outros itens mais. Outro costume era o de troca de dias de serviço: um vizinho auxiliava o outro conforme as necessidades. Essas atitudes positivas criavam um ambiente confortável de respeito e valorização das capacidades de cada integrante envolvido nas atividades.

Cooperar era assumir, com responsabilidade singular, o papel de cada um. Para desfazer os entraves e os contrafluxos na resolução dos problemas era necessário manter atitudes positivas. Um dos métodos usados na comunidade da roça, para a cooperação ocorrer, era a realização de reuniões nas quais todos apresentavam os problemas e as necessidades, davam ideias e dividiam as tarefas.

Cada pessoa, quando renasce, já traz alguma bagagem que pode somar na melhoria do meio em que vai nascer. A hipótese é que nenhum de nós nasceu por acaso em uma família ou comunidade específica. Nossas qualidades e defeitos ajudam ou atrapalham o grupo. Por mais difícil que seja, nossa intenção primária deve ser ajudar os outros, ouvir os outros, procurando auxiliar para melhorar a todos, em um entendimento entre os componentes do grupo. Encorajar, corrigir, *pegar junto* e conquistar novas metas, rompendo obstáculos e apoiar uns aos outros, são condições que proporcionam crescimento.

Para cooperar é preciso: ser altruísta, motivado; saber reconhecer diferenças; esperar o momento certo; ter sinceridade, honestidade e companheirismo. Minhas vivências mostraram que nas dificuldades surgem também oportunidades para ajuda mútua. Assim, a cooperação aparece como um dos traços positivos da minha infância. Naquela época, isso era comum nas comunidades onde todos se conheciam. Além de conhecer as necessidades uns dos outros, havia a visão de conjunto dos componentes. Era um número pequeno de moradores, o que facilitou essa forma de viver.

Entender o papel pessoal dentro do grupo é colocar em ação as próprias potencialidades para o crescimento pessoal. A agilização do processo evolutivo pode influenciar todas as pessoas com quem convivemos.

Com base nas capacidades e talentos – "traços-força" – que cada personalidade apresenta, há condições de melhorar o meio em que se vive. Surge daí a importância da análise criteriosa a fim de descobrir as necessidades evolutivas pessoais, para traçar o plano conjunto a ser executado em determinado período da existência neste planeta. Se soubermos usar tempo, dinheiro e o próprio pensamento de maneira positiva e cosmoética, a vida há de conspirar a nosso favor. Se desperdiçarmos esses valores, egoisticamente, e se não tivermos clareza de ideias, nossas atitudes provocarão situações entrópicas de ciúmes, discórdias e poderá acontecer o fracasso pessoal.

A habilidade de lidar com diferenças e circunstâncias adversas é um dos aspectos a ser observado na cooperação. Dessa forma, cooperar é operar em conjunto com o que e com quem está ao nosso redor. Agindo de maneira cooperativa, chegar-se-á à conclusão de que o benefício partilhado dos talentos resultará num prazeroso e bem sucedido aprendizado.

Segundo o paradigma consciencial, tendo em vista que cada consciência vive múltiplas vidas, pode-se afirmar que a maioria dos grupos já estiveram reunidos em outras existências, sendo compostos de consciências atraídas pelas afinidades e pelo reconhecimento energético que as interligam.

Autossustentabilidade das famílias

A criatividade e a autossustentabilidade das famílias eram grandes. Por exemplo, o colchão era de palha de milho, inclusive o do berço do recém-nascido. Travesseiros e cobertas eram feitos de penas de ganso ou de galinha. As camas, as mesas e os bancos eram fabricados de maneira artesanal. As madeiras eram brutas e, não havendo pregos, eram encaixadas. As tábuas eram serradas com a serra braçal e levantavam-se estaleiros para erguer a tora, que funcionava da seguinte maneira: em uma encosta do morro eram colocados dois postes em forma de forquilha e dois "varejões" para colocar a tora em cima. Um serrador ficava no alto da tora e o outro abaixo para realizar o serviço. Somente algum tempo depois surgiram as serrarias. As primeiras eram movidas pela força da roda d'água. Esse invento facilitou muito a vida dos agricultores.

Não havendo tijolos e pilares de concreto, as casas apoiavam-se sobre cepos de madeira de lei. O círculo da casa era feito de tábuas de madeira e o telhado era de "tabuinhas" feitas das espécies canjerana, louro, cedro e pinheiro (araucária). O assoalho, em alguns casos, era de chão batido e, em outros, era feito de tábuas brutas.

O enxoval da criança era confeccionado pela própria mãe, usando o tecido "morim" ou o pano das sacas de farinha e de sal. As bacias eram gamelas talhadas em madeira de lei. Havia várias delas: uma para o banho, outra para a cozinha, uma especial para preparar o pão e outra para o banho das crianças.

A pia da cozinha era um "coxinho" de madeira, chamado de lavador. O chuveiro era feito com uma lata vazia de querosene, na qual era adaptada uma ducha feita por um funileiro. O banho era realizado em duas etapas: primeiro ensaboar-se com a esponja – "esfregão" –, depois enxaguar-se com a água quente, aquecida no fogão, que era colocada dentro do latão. No verão, tomávamos banho no tanque de lavar roupa ou no riacho próximo à casa. A água para a cozinha era carregada em balde de latão.

A iluminação era à base de lampião ou de lamparina, com pavio de pano encharcado no querosene. Quando não havia querosene, usava-se banha de porco. Para sair à noite, fazer *serão,* combinar mutirão, visitar amigos ou auxiliar em alguma necessidade, utilizavam-se as tochas de fabricação artesanal. O material usado era a taquara ou o bambu, com um pano ensopado com banha. Não existia lanterna, muito menos energia elétrica. O leitor, em especial quem pertence às novas gerações, com certeza não imagina que, há sete décadas, a maioria do povo do interior rural vivia essa situação de vida. O progresso trouxe melhoramentos em todos os sentidos. Naquela época, o jovem do interior, para poder estudar, na maioria das vezes, tinha que sair do convívio da família e morar em colégios, internatos ou na casa de amigos nas cidades ou proximidades da escola. Hoje, a maioria dos jovens tem condução própria ou transporte público, na porta de casa, para se locomover até a escola, especialmente no interior. Mas ainda há quem não consiga ou não queira estudar.

Atualmente, os meios de comunicação chegam, cada vez mais, a um grande número de lares, existindo ainda pouquíssimas localidades sem esses avanços. Muitos agricultores estão conectados à *Internet*, com chances de se comunicar com o mundo. O conforto e a melhoria de vida, por meio da assistência à saúde, é outro fator que melhorou muito a vida do povo. As oportunidades de trabalho são maiores do que antigamente, o que representa um fator positivo da evolução e do progresso, embora exista ainda desemprego.

Se na minha infância, mesmo desprovida do conforto da atualidade, a nossa família gozava de satisfação, é porque sabíamos aproveitar o máximo do que estava ao nosso alcance. Sentíamos um grande prazer em saborear as frutas e os alimentos extraídos da terra. Consumíamos alimento orgânico, sem a influência dos agrotóxicos. As crianças, na sua maioria, nasciam robustas e fortes pela alimentação saudável de frutas e verduras produzidas e consumidas pelas próprias mães.

É oportuno esclarecer, no entanto, que, em hipótese alguma este relato se reveste de um caráter saudosista e nostálgico de minha parte, o que é bastante comum às pessoas já na terceira idade. Não defendo o mito do "paraíso perdido". Conheço pessoas que, ao lembrarem do passado, se deixam tomar pela emoção, lamentando a perda dos antigos costumes e, até, procuram voltar a viver como naquela época. Essa atitude é improdutiva e, muitas vezes, resulta em estados depressivos.

A intenção, outrossim, é mostrar que essas condições precárias eram próprias de uma sociedade simples e rural, mas que os valores em que se alicerçavam não desapareceram com o advento do progresso. Na sociedade moderna, apesar da complexidade de suas exigências, esses valores continuam de forma mais dinâmica e ampliada, necessitando somente um maior empenho em seu resgate e manutenção.

Corajoso e incansável, meu pai, dedicado ao cultivo da terra, alimentava um projeto de vida: conseguir um pedaço de chão, construir uma família e dar o melhor para a mulher e os filhos.

A sua força e certeza vinham da terra. Nela firmou os seus pés, desde criança, para construir o seu próprio destino. Considerou isso a forma de cumprir sua missão de respeito à vida e doação à humanidade, ancorado em suas crenças e na harmonia com a natureza.

Meu pai sendo filho de família numerosa, não havia condições de permanecer na propriedade dos pais. A terra que seus pais possuíam era pouca e, além disso, desgastada pelas derrubadas e coivaras. O enfraquecimento da terra era muito grande, por isso, produzia-se pouco.

Na época, não existiam insumos agrícolas, e muito menos a reposição dos nutrientes e microrganismos necessários destruídos pelas queimadas. A solução era migrar em busca de novas terras. Por isso, ele migrou de Montenegro – RS, ainda jovem, para a mata virgem do Oeste Catarinense, junto com dois irmãos. Lá eles abriram clareiras, derrubando o mato onde, com a madeira, construíram suas casas e iniciaram o cultivo da terra, produzindo o alimento. Junto com o cultivo da terra, criaram animais domésticos para ter o alimento da família, os meios de transporte e o auxílio deles na lavoura.

Naquela época, isso era viável e necessário; as famílias se autossustentavam. Os casais jovens, na maioria, com idealismo, organização e muita coragem, enfrentavam as maiores dificuldades apoiando-se mutuamente. Meu pai e minha mãe, muito jovens, iniciaram a vida a dois tendo como recurso material somente a sua própria força e o legado do aprendizado que herdaram de seus pais. O exemplo de paciência, a persistência, juntamente com o trabalho árduo, fizeram-nos conquistar uma vida digna, cheia de ricas experiências. Com nossos pais, aprendemos a ler os sinais e os ensinamentos da natureza e da vida, em nosso dia a dia: valorizar e respeitar os limites. Esse jeito positivo e prático fez a mim e a meus irmãos termos um exemplo em que nos espelhar.

Conviver e se precaver de possíveis emboscadas de animais, que em meio à mata ocorriam, era comum. O ambiente era hostil.

Enfrentavam animais ferozes, mosquitos e cobras venenosas. Não podemos esquecer as epidemias desconhecidas que dizimavam parte do gado e dos animais domésticos; os gafanhotos que devastavam pastagens e plantações. A expectativa de dias melhores, de bem-estar para si e seus filhos, auxiliava na superação de todos os medos.

Ter filhos era o maior sonho de todo casal. A chegada deles era considerada um grande compromisso e meta de vida. As dificuldades não impediram a caminhada em busca de recursos para dar uma vida digna a cada filho que nascia.

Presenças marcantes do Pai e da Mãe

Merecem destaque alguns traços-força – "trafores" ou qualidades – que se manifestaram ao longo da vida de meu pai: a bibliofilia, manifestada pelo gosto aos livros e o incentivo aos filhos para o estudo e a leitura; o exemplarismo, expresso pelo equilíbrio no enfrentar e no agir em situações difíceis e inesperadas do dia a dia; a fraternidade, refletida no amor e na capacidade em partilhar ideias com a família e com os vizinhos; o respeito, acolhendo a todos com grande atenção e reverência, não importando a idade; a liderança, demonstrada na organização dos moradores, na conquista de escolas, nas melhorias de estradas, na formação de um sindicato e de uma cooperativa; o zelo, demonstrado no cuidado pela boa vizinhança.

E essa era uma das recomendações que meu pai fazia a quem saía de casa, fosse para estudar ou para formar uma nova família. Não cansava de afirmar que é preciso criar laços de união entre as pessoas, um procurando ajudar o outro nas dificuldades. Atitudes que provocassem a desunião – fossem fofocas, brigas, rivalidades, ódios – eram veementemente corrigidas. Esses valores constituíram um legado marcante, na forma de ensinamento, para cada um de nós, sejam filhos, netos, bisnetos, enfim, todos que com ele conviveram.

O conhecer das próprias qualidades e do valor dos outros era um instrumento apontado para obter respeito. Consideração essa que se origina no indivíduo pela consciência de "quem sou eu". Com a autorrealização, consequentemente acontece a experiência do verdadeiro autorrespeito. Tal princípio estende-se para além do convívio da família e dos mais próximos e, evidentemente, suscita o surgimento de um ambiente de equilíbrio e respeito ecológicos.

Quando acontecia uma desavença entre nós irmãos, ou com a mãe, tínhamos que fazer as pazes antes de nos recolhermos para dormir. O pai tinha o seguinte princípio: "nunca se dorme com ódio ou desavença com alguém, porque o dia de amanhã pode não nos dar a chance de fazer a reconciliação", e ponderava que "o perdão e a honestidade nos levam a viver melhor e com mais prosperidade". Em várias ocasiões, deu-nos exemplo de perdão, mesmo sendo muito difícil, como no momento da invasão de parte de suas terras, adquiridas com muito esforço.

As lições acima referidas eram a realidade do nosso convívio e contribuíram, significativamente, em meu processo educativo e, com certeza, no de meus irmãos. Em sã consciência, não posso deixar de reconhecer a contribuição transformadora que meu pai desencadeou em mim, em especial o incentivo a ter força de vontade para concluir qualquer atividade iniciada.

Outro traço-força que meu pai manifestou, desde jovem, foi a vontade de aprender. Diariamente tirava um tempo para ler e estudar. Tinha um baú cheio de livros e revistas que lhe auxiliavam nas pesquisas dos problemas de saúde e nos processos de cura com ervas medicinais, compressas e tinturas. Além disso, ele tinha um fascínio pelas descobertas científicas e pelos acontecimentos históricos.

Meu pai possuía uma memória prodigiosa e suas conversas giravam em torno de conteúdos relacionados a assuntos de saúde e de história. Foi grande incentivador de quem demonstrasse interesse pelo estudo. Quem o conheceu, em especial na última década de sua vida terrestre, lembra daquele homem tranquilo, sentado na varanda com um livro na mão.

Possuía singular disposição em ajudar os vizinhos e a comunidade. Destacava-se pelo senso humanitário. Recebia, com alegria e entusiasmo, a todos que chegassem a sua casa, fazendo-os sentirem-se à vontade. Tirava tempo para o lazer e para a convivência gratuita, delongada e prazerosa. Tratava, com o mesmo requinte, idosos, adultos, jovens e crianças. Vibrava com um jogo de cartas. Pertencia ao grupo do *jogo de bolão* local e se encontrava com os amigos aos domingos.

Foi um grande incentivador da música e do canto, e seu rosto se iluminava ao ouvir a bandinha com músicas alemãs, que sempre estiveram presentes em todos os acontecimentos importantes da família. Tocava com muita habilidade a gaitinha de boca. Esse foi o primeiro instrumento musical que conhecemos quando crianças. Éramos tomados de uma grande alegria quando ele tocava a gaitinha de boca, pegando cada um no colo e dançando enquanto tocava.

Apesar do elenco de qualidades positivas que meu pai apresentou, os aspectos ambíguos não deixaram de existir, entre os quais destaco: deixava-se influenciar por pessoas que considerava superiores: padres, políticos e outros. Não admitia críticas de alguém da família sobre afirmações, por vezes absurdas, do sermão do padre, ou atitudes de abuso quanto aos pedidos de esmolas para a igreja.

Acreditava que o sofrimento era a maior âncora para todos os momentos da vida, proporcionando a santificação. Suas afirmações eram categóricas. Dizia que tínhamos de sofrer, obedecer e nos humilhar para sermos amados por Deus e para conquistarmos a santidade. Isso o fez se submeter a rigorosos jejuns e penitências.

Como já mencionei, ele era radical quando se tratava de esmolas para o seminário. Um exemplo que nunca esqueci ocorreu quando nós, crianças, olhávamos com alegria as frutas e as abóboras amadurecerem e, para nossa surpresa, apareciam os padres e as freiras e as levavam embora, desapontando a todos.

Minha mãe, além de fiel companheira, possuía a força e a beleza da presença feminina em todos os acontecimentos da família. Mulher corajosa, que nos ajudou e oportunizou a chance de dez consciências virem a este planeta. Acolheu a todos com o máximo esforço e carinho. Cuidou de cada um como se fosse único. Juntamente com o marido, proveu o alimento e o agasalho necessários. Foi preciso muita criatividade e dinamismo para não faltar o necessário para seus filhos e para que todos sobrevivessem em meio a tantas dificuldades.

Ela trabalhava muito, consequentemente, não teve chance de olhar para si mesma. Foi uma mulher que sofreu, desde jovem, com sérios problemas de saúde. Teve os filhos sem recursos médicos. As parteiras, com menor conhecimento, muitas vezes, maltratavam as parturientes devido à ignorância e à falta de experiência. Os problemas de saúde da mãe foram frequentes. Além da depressão, que naquela época era chamada de "doença dos nervos", ela teve uma menopausa muito conturbada. O recurso a que a medicina recorria era o "choque elétrico". Lembro-me do estado em que as mulheres ficavam, e ainda se acreditava que aquilo era vontade de Deus. Para sobreviver a tais torturas, realmente elas precisavam ser muito fortes.

Minha mãe, com certeza, sempre buscou o melhor para a família. Entre os familiares, aconteciam muitas desavenças em consequência da incompatibilidade de índoles, mas eram atritos passageiros. Trocavam de assunto e tudo mudava. Meu pai sempre atuava como mediador, apaziguando o ambiente.

Minha mãe e eu tínhamos temperamentos semelhantes, o que muitas vezes provocava conflitos e discussões. Certas atitudes dela me desgostavam. Certo dia, dei-me conta de que eu agia da mesma maneira que ela. Inicialmente, levei um susto e, após, fui tomada por um sentimento de vergonha. A partir daquele momento, comecei a observar mais e constatei que, realmente, se eu tinha as mesmas atitudes e comportamentos que não admitia nela, então quem teria que mudar era eu.

Com o auxílio de um terapeuta, passei a usar a técnica de projetar minha mãe em uma tela mental e, conversando com ela, dizer tudo o que estava sentindo. Após algum tempo, comecei a perceber que a mãe que eu condenava por suas atitudes era eu. Chorei muito e comecei o processo de perdão para ambas. Esse processo resultou em acolhimento e maior compreensão. Entendi que a minha mãe tinha a liberdade e o direito de ser e viver do jeito dela, e não segundo minhas expectativas e desejos.

Apesar dos traços-fardos, ou imaturidades, minha mãe se destacou nos traços-força ou "trafores", que me auxiliaram em todas as etapas da vida: a sua capacidade empreendedora e o grande tino de organização e administração. A casa sempre muito limpa, com tudo colocado nos seus devidos lugares. Não havia armário e nem guarda-roupas no quarto das crianças. No entanto, cada filho tinha o seu espaço com pregos na parede para pendurar suas roupas. As crianças eram bem-vestidas com roupas limpas e alinhadas. Os alimentos eram preparados com arte e muito sabor. Nossa mãe nos ensinou, desde pequenos, a comer de tudo: verduras, frutas e todos os tipos de grãos e cereais.

Muito corajosa e criativa, era solicitada não só pela família, mas também pela comunidade e por pessoas da região. Na organização de festas e eventos, e em situações difíceis de doença e morte, ela era presença de força e coragem. Sempre encontrava uma saída e um apoio.

O maior exemplo de sua organização e capacidade administrativa era o fato de que com mínimos recursos conseguia sempre um resultado positivo. Sua presença era constante nas atividades da roça, na criação e no cuidado dos animais domésticos e na venda dos produtos. Traçava metas para o uso do dinheiro.

Nós sabíamos que, quando era comprada uma peça de roupa para um dos filhos, os outros tinham que aguardar sua vez. Isso era uma motivação para participarmos nas tarefas que cada um tinha que realizar, por exemplo, como tratar bem os animais para conseguirmos mais dinheiro, pois essa era nossa fonte de renda.

Todos aprenderam, sem exceção, seja homem ou mulher, a lavar roupa, a limpar casa e a cozinhar, bem como a cuidar de si e de seus pertences. Esse foi um dos legados que essa mulher *fora de série* nos deixou.

Minha mãe possuía capacidade parapsíquica, em especial a precognição. Previa acontecimentos vindouros, entre eles previu sua própria dessoma. Vítima de um câncer violento, enfrentou-o com coragem e, apesar do sofrimento, nunca desanimou.

No dia 5 de dezembro do ano de 1997, um dos filhos que vivia próximo e auxiliava muito em todos os momentos, resolveu viajar. Ele partiu em um dia e no outro, pela manhã, a mãe pediu à enfermeira para chamar um sobrinho, pois necessitava falar com ele. Ao chegar, ela lhe pediu que ajudasse meu pai caso ela falecesse naquele dia. O primo, conhecendo a tia e sabendo da sua situação, prontificou-se a auxiliar no que fosse necessário. Após poucas horas, ela entrou em estado de agonia, falecendo no final do dia.

Eu me encontrava a mais de mil quilômetros de distância da casa paterna. Durante o dia, lembrei muitas vezes de minha mãe e percebia que ela estava em estado de sofrimento e de muita angústia. À tardinha, fomos tomar banho no lago. Subitamente percebi a presença de minha mãe acenando com a mão em um gesto de despedida com a face transparente. Tive a nítida sensação de despedida final. Dirigi-me ao local onde havia telefone e liguei para casa. Recebi a confirmação de que realmente minha mãe havia dessomado (falecido) há poucos instantes. Senti um grande vazio, como se algo houvesse se desprendido de meu ser.

Durante sua vida, eu e minha mãe nos comunicávamos por telepatia – habilidade de adquirir informação acerca dos pensamentos, sentimentos ou atividades de outra pessoa sem o uso de linguagem falada, corporal ou de sinais.

A comunicação acontecia entre nós duas como uma capacidade parapsíquica de perceber as coisas além dos cinco sentidos básicos do corpo humano, ou seja, utilizando as energias, o animismo e o intercâmbio consciencial avançado.

CAPÍTULO 2

POR QUE ESSA FAMÍLIA?

Ressomática: entendendo afinidades e interprisões familiares

Muitas vezes eu me perguntava por que nasci dessa mãe e desse pai e não de outro casal? Tal questionamento pode ser indicador de que não é a primeira vez que nascemos em determinada família e de que há uma afinidade que nos atrai. Há laços profundos de atração energética ou de simpatia e, por vezes, de rejeição ou de antipatia entre a consciência-mãe e a consciência-filho.

Nada é por acaso, tudo tem uma causa e um efeito. As experiências mostram que consciências que hoje estão em nossos pais, filhos, parentes, amigos, amantes, no passado, podem ter sido inimigos e algozes. "Ninguém recebe determinada mãe e determinado pai gratuitamente. Existem laços profundos entre as consciências que evoluem juntas" (VIEIRA, 2012, p. 30), sendo que:

> "A interprisão grupocármica é o comprometimento interconsciencial coercitivo decorrente de ações anticosmoéticas conjuntas ou em grupo, a condição de inseparabilidade grupocármica do princípio consciencial evolutivo da consciência" (VIEIRA, 2003, p. 409).

Quando era criança, sentia-me desintegrada da família e me questionava: por que preciso crescer, casar, ter filhos e trabalhar na roça? Intimamente, algo me dizia que eu teria que trabalhar e ensinar aos outros, motivo que me levou a querer estudar seriamente.

Na maioria das vezes, a consciência, no nosso estágio evolutivo, perde a memória do passado e o fato de ressomarmos (renascermos) em um novo corpo em meio a outra cultura, família e energias conscienciais pode ser apontado como grande auxiliar positivo. Funciona, de certa forma, como um *escudo protetor* – "A conscin (consciência intrafísica) se torna inacessível aos seus antigos assediadores, que agora não são capazes de rastreá-la energeticamente e encontrá-la" (ALEGRETTI, 1998, p. 125).

O processo da ressoma (renascimento) inicia ainda na fase extrafísica, relativo ao que está além do intrafísico (vida terrena) ou humano. É o período intermissivo. O período da intermissão da consciência em evolução é compreendido entre duas vidas dentro do ciclo evolutivo multiexistencial, isto é, de muitas vidas:

> "O ciclo multiexistencial é a condição de alternância contínua de um período de vida intrafísica com outra extrafísica, compondo o roteiro evolutivo incessante da consciência até que se liberte da roda dos renascimentos intrafísicos e desativações somáticas (mortes físicas) compulsórias. Cada consciência precisa ser analisada de per si quanto aos ciclos multiexistenciais" (VIEIRA, 1994, p. 121).

O período intermissivo tem um papel fundamental, oferecendo chances para o amadurecimento e maiores possibilidades para a evolução. Sua duração, assim como o tempo que a consciência permanece no intrafísico, varia de pessoa para pessoa.

Durante esse período, dependendo do nível evolutivo, da compreensão, da maturidade e do seu merecimento, a consciência poderá participar do Curso Intermissivo.

Os Cursos Intermissivos são eventos recentes nas comunidades extrafísicas da Terra e tem vários níveis quanto ao conteúdo e aos objetivos. No Curso Intermissivo, a consciência pode tomar decisões sobre processos evolutivos pessoais e grupais e projetos de pesquisas científicas ou empreendedoras. Tudo indica que participei do nível básico do Curso Intermissivo.

Um dos aspectos relevantes do Curso Intermissivo é a otimização da evolução consciencial, manifesta pela capacidade de ajudarmos as outras consciências a evoluir, ou seja, são nossas relações interconscienciais, efetuando o papel de facilitadoras na evolução das outras consciências, pautadas pelo discernimento cosmoético. As pessoas que realizaram o Curso Intermissivo tendem a valorizar as informações que esclarecem e aumentam a lucidez, por meio da tarefa assistencial do esclarecimento (tares), em lugar da valorização da tacon, a tarefa assistencial da consolação.

Quem chegou ao Curso Intermissivo é porque tem certo mérito conquistado pelo esforço na busca da evolução pessoal e grupal, isto é, porque ajudou muito às outras consciências nas vidas pregressas, fatos registrados na ficha evolutiva de cada consciência.

No tratado *700 Experimentos da Conscienciologia* (VIEIRA, 1994, p. 604), há o teste para identificar a participação no Curso Intermissivo. No teste são verificados traços da personalidade para ajudar o experimentador a avaliar se já participou de curso no último período de intermissão, e também para auxiliá-lo na preparação enquanto candidato aos próximos Cursos Intermissivos.

Após o período intermissivo ocorre a ressoma, ou seja, o renascimento e a ligação da consciência a um novo soma (corpo físico). O soma resulta da herança genética dos pais e da paragenética, que é o conjunto das características, principalmente do corpo emocional (psicossoma), desenvolvidas em muitas existências passadas. A cada ressoma, a consciência traz consigo as experiências das múltiplas existências e define nossas tendências, erros, acertos e valores mais íntimos. A herança paragenética é bem maior que a da genética familiar. Sendo assim, a paragenética traz informações do lucro e do débito acumulados das muitas experiências, das *idas* e *vindas*. Os padrões das relações que estabelecemos com outras consciências em vidas anteriores se repetem nesta vida. No entanto, cada vida propicia a oportunidade de mudanças e melhorias dos afetos e desafetos.

Observando os filhos de uma família, no caso a minha, na qual recebemos a mesma educação, fomos criados na mesma região, falamos a mesma língua, seguimos princípios idênticos de religião e cultura, percebe-se, no entanto, que somos tão diferentes uns dos outros. Nossas escolhas e tendências diferem-se muito. Isso sugere que cada um de nós veio com uma herança de si mesmo, a paragenética.

Dependendo do nível de evolução da consciência, serão maiores ou menores as influências da genética ou da paragenética nos processos de renascimento humano. Cada um de nós, consciexes (desencarnados) ou conscins (encarnados), é, hoje, um resumo do nosso próprio passado e o resultado da genética, da paragenética, do meio e de tudo o que vivemos, pensamos e sentimos. Somos o resultado da conquista do nosso aprendizado de várias vidas.

Além da genética e da paragenética, existe a mesologia, o meio em que a pessoa vive, que influencia o ser humano desde o renascimento, seguindo-o ao longo de toda a existência; são as relações entre os seres vivos e o meio em que se inserem, sofrendo as influências recíprocas, o que podemos denominar de *ecologia social.*

Ao longo de suas existências, a consciência carrega heranças mesológicas, que podem ser sociais, culturais, econômicas ou educacionais. Além das heranças mesológicas, a consciência sofre influências, ainda, da genética e da paragenética, que influenciam na maneira de pensar, sentir e agir. Na maioria das vezes, a paragenética é sufocada pela mesologia e pela educação, em especial pelo sistema místico religioso, fatores determinantes no esquecimento das lembranças de outras vivências. Entretanto, esquecer ou sufocar não significa apagar.

Durante o Curso Intermissivo, consciências mais evoluídas, que conhecemos na Conscienciologia como "orientadores evolutivos" ou evoluciólogos, ajudam as consciências a planejarem a próxima existência. Tal planejamento é feito com base nos traços fortes e fracos da consciência, nas características do grupo evolutivo e nas experiências das vidas anteriores.

Após dessomar (descartar o corpo físico, ou soma) e passar um tempo na dimensão extrafísica, a consciência renasce na vida intrafísica. A primeira etapa do renascimento é a ligação energética com seus futuros pais.

A camada energética que liga o psicossoma (corpo emocional) ao soma (corpo material) é conhecida como energossoma (corpo energético). Entretanto, tudo é energia, o soma, o psicossoma, o energossoma e também o mentalssoma (corpo mental).

Mesmo vivendo na dimensão intrafísica, a consciência pode sair do corpo, ou seja, projetar o psicossoma para fora da matéria densa do soma. A energia oblongada forma uma espécie de "cordão de prata", que não se rompe quando a consciência intrafísica sai do corpo, mas apenas quando ela dessoma. A saída para fora do corpo é a prova cabal da imortalidade da consciência e da multidimensionalidade. No entanto, nem sempre a consciência tem lucidez para perceber que pode sair do corpo. O fenômeno da projeção pode ocorrer, de modo inconsciente, quando dormimos.

Conheci pais e mães que viram o futuro filho ou filha por meio de sonhos ou projeções. Isso pode ocorrer, algumas vezes, antes da concepção. Não só a consciência é capaz de guardar a história das suas vivências multiexistenciais, mas também os amparadores, os evoluciólogos e os amigos com quem conviveram.

Se avaliarmos e compreendermos essa nova forma de ver a vida, teremos argumentos para trabalhar questões que envolvem nossas relações humanas, sadias ou doentias, em especial no que se refere ao relacionamento entre pais e filhos. A partir da visão que tenho hoje, entendo muitos fatos ocorridos na convivência, tanto com meus pais quanto com meus irmãos e outras pessoas. A partir desta visão, consigo refletir e entender, de maneira mais lúcida, muitos fatos ocorridos na convivência com meus pais, principalmente no relacionamento com a minha mãe e com os meus irmãos.

Recursos precários e o subdesenvolvimento

Naquela época, todos os recursos eram precários, não havia atendimento médico, as escolas eram muito deficitárias e o transporte era feito com o auxílio de animais.

Meu pai teve a oportunidade de estudar em uma escola comunitária rural, em Montenegro – Rio Grande do Sul. Ele lia e escrevia relativamente bem em alemão e aprendeu um pouco de português. Minha mãe era analfabeta, aprendeu a ler e a escrever um pouco por vontade própria e com a ajuda dos filhos; meu irmão e minha irmã, ambos mais velhos, saíram de casa antes de completar 12 anos de idade, com o intuito de estudar.

O motivo que levou meus pais a deixarem meu irmão mais velho continuar a estudar foi seu manifesto desejo de tornar-se padre. Caso contrário, teria que ajudar o pai na roça, o que aconteceu com os outros três irmãos. Apenas o quartel, o seminário ou o convento eram capazes de tirar os meninos da roça, o que era comum naquela época. De tempos em tempos, uma equipe de padres chegava para arrebanhar os meninos e as meninas da região e levá-los para a *"Fábrica de Padres ou Freiras"* – assim o povo costumava chamar os seminários e os conventos. Iludidos pela conversa dos agentes vocacionais, os pré-adolescentes, alegres e felizes no convívio da família, mas querendo conhecer algo diferente, eram levados para lugares distantes com o destino traçado, *ser padre ou freira e servir a Deus e ao povo.*

A Igreja, por sua vez, dentro do seu papel domesticador, apresentava-se altamente preparada para gerenciar a primeira grande multinacional do Ocidente – o cristianismo. Desde o século IV, constitui-se em uma potência que envolve cerca de um bilhão de pessoas. Os conventos e os seminários são estratégicos, pois dispõem de mão de obra sem remuneração e sem nenhum vínculo de família que acarrete em herança ou pensão, o que é muito lucrativo para a empresa do cristianismo.

Os meninos e as meninas, retirados de suas famílias aos 12 anos de idade e levados para os conventos e seminários, eram criados para servir à instituição. Avaliando hoje essa forma de agir com os pré-adolescentes, considero-a uma agressão aos direitos da criança e do adolescente, pois essa atitude rompe com subjetividades e não permite liberdades de escolha, de expressão, de iniciativa, de criatividade e o direito à privacidade e a um projeto de vida diferente.

Atraído para essa rede, o adolescente é treinado para servir e para se tornar *um soldado disciplinado,* totalmente disponível à instituição. Para servir melhor, deve ser celibatário, humilde e obedecer, cegamente, ao poder supremo e absoluto da Igreja, representada na figura do Papa, venerado como infalível representante de Deus na Terra. A ignorância, a ingenuidade e a falta de recursos tornam-se terreno fértil para convencer as famílias e os filhos a seguir e a aceitar essas propostas subjacentes que não são reveladas.

O local onde nasci e vivi até a ida para o convento era considerado uma sementeira de vocações religiosas. Ter um filho no seminário, ou uma filha no convento, era vislumbrado como garantia de obter um lugar no céu. Essa questão de garantir um lugar no céu era tão difundida entre o povo que, certo dia, meu pai voltou da igreja com cartelas que custavam certo valor em dinheiro, oferecidas pelo padre, para garantir um lugar no céu. Foi por ocasião do Ano Santo.

O padre era a maior autoridade na comunidade e usufruía de um alto *status* como representante de Deus; exercia autoridade na organização dos moradores e na realização das festas com direito aos lucros; na aceitação ou negação da realização de casamentos; na intervenção em crimes e desastres, sendo ele "o grande vigilante da moral" com direito a todos os privilégios.

As últimas reservas de recursos econômicos eram buscadas para pagar o enxoval e os custos da ida para o seminário. Lembro que, quando meu irmão partiu para o seminário, foi preciso economizar durante um ano para comprar o enxoval. O mesmo aconteceu quando fui para o convento. Durante esse período, os demais membros da família não puderam comprar muita coisa.

Na oportunidade, fiquei abalada. Intimamente, tomei a decisão de um dia retribuir, em dobro, o que meus pais e meus irmãos haviam feito por mim. Fiz a promessa de rezar todos os dias para que eles conseguissem um lugar no céu. Por força do destino, tive a chance de concretizar essa meta, de maneira efetiva, após a saída do convento, auxiliando os meus pais na velhice e retribuindo economicamente aos meus irmãos.

Meus pais haviam sofrido uma lavagem cerebral quando moços. Quem lhes dava o rumo eram os padres. As decisões eram tomadas somente após se ter consultado um padre, eles davam a última palavra. Essa atitude fazia, na maioria das vezes, os pais decidirem o que os filhos iriam ser no futuro.

Valendo-me do exposto neste capítulo, que é o relato de vivências e observações, chego à conclusão de que a convivência é uma das maiores ferramentas para a descoberta de trafares e trafores. Os erros e os acertos dependem de nossas escolhas. Sabendo avaliar as experiências do dia a dia, podemos chancelar as mudanças futuras.

Estudando as características de maior relevância dos dois ramos da árvore genealógica do pai e da mãe, podemos descobrir o predomínio genético e mesólogico sobre nós. Torna-se primordial observar se sou um elemento que demonstra faceta de mudanças, dentro desse contexto, ou de estagnação.

Avaliando os trafares e os trafores do meu grupocarma, chego à conclusão de que a influência dos pais e dos irmãos, a convivência com os parentes e com os vizinhos e com o meio social exerceram um papel somatório. Hoje somos o resultado de muitas vidas com características genéticas, paragenéticas e mesológicas, enfim, tudo que já fizemos, sentimos e pensamos. O passado está presente em nós.

Referente a alguns aprendizados que meus pais me proporcionaram, destaco, entre outros: a boa convivência, a tolerância, a organização, a criatividade, a disciplina, a responsabilidade, o companheirismo e a capacidade de enfrentar desafios. Além desses traços positivos, não posso negar que existiram muitos pontos negativos, dentre os quais a submissão e a ingenuidade em acreditar que, seguindo as normas dos padres, estaríamos acertando sempre, além do tradicionalismo e do orgulho de ser de descendência alemã.

CAPÍTULO 3

SEGUNDA INFÂNCIA

Assumindo responsabilidades

Em consequência da saída dos meus irmãos mais velhos de casa – o irmão para o seminário e a irmã, com 9 anos de idade, para estudar – tornei-me a responsável por meus irmãos menores aos 7 anos de idade. Fiquei encarregada, também, de ajudar a mãe nas tarefas domésticas como: lavar a louça, limpar a casa, carregar água e lenha para o fogão, recolher os ovos e dar água para os animais. Meus pais saíam para a roça quando o dia ainda estava escuro, retornando ao meio-dia para almoçar e voltando para a roça, de onde só regressavam à noite.

Nossos brinquedos artesanais

Era-nos permitido brincar somente aos domingos à tarde. Como era costume, primos e primas se encontravam aos domingos para brincar. Cada encontro era uma festa. Eram tantas as ideias do que iríamos fazer naquelas horas em que nos sentíamos livres e podíamos criar nossas atividades, que o tempo tornava-se curto. Acabávamos brincando de casinha e de roda.

Convém ressaltar aqui que todos os objetos de brinquedos eram criação nossa, inclusive as bonecas, que eram feitas com retalhos das roupas que minha mãe costurava. As meninas tinham a chance de aprender a confeccionar as roupinhas das bonecas sentadas ao lado da mãe que remendava, costurava e cerzia as roupas da família. Eu sempre percebia em minha mãe um grande carinho e muita criatividade ao realizar essa tarefa, que também acontecia nos dias de chuva. Era nesses momentos que a gente tinha uma chance de conversar com ela.

Além de brincar com bonecas e de casinha, sentíamos prazer em nos embalar nos cipós presos nas árvores. Chegávamos a gritar de alegria quando alcançávamos uma folha de coqueiro e a arrodeávamos nos embalando. Descíamos ladeiras com carrinhos fabricados por meus irmãos. Outro divertimento era desenhar, com carvão, nas paredes do paiol, todos os tipos de animais que havia na mata próxima à nossa casa.

Enquanto os pais dormiam, na hora da sesta, nós aproveitávamos para vasculhar a mata à procura de frutas silvestres maduras. Sabíamos a localização de todas as árvores frutíferas no meio da mata. Nessas empreitadas, nos deparamos com muitos perigos, tais como o risco de cair de árvores, de encontrar cobras venenosas e outros animais.

Foi nessa fase da minha vida que aprendi o nome das plantas, das árvores, dos animais, das frutas silvestres. Foram aulas práticas sobre fauna e flora que recebi e aprofundei autodidaticamente com o tempo. Além da fugida durante a hora da sesta dos pais, tínhamos que seguir a rotina diária da casa.

A mãe realizava todas as tarefas da casa e ainda acompanhava o pai nos trabalhos da roça e no trato dos animais. Enquanto os pais se ocupavam com esses afazeres, eu ficava em casa para cuidar dos irmãozinhos e olhar pelo fogo no fogão, onde a comida já estava sendo preparada.

À meia-tarde, levava o lanche para os pais na roça, o que me dava grande prazer e satisfação. A tarefa era de grande responsabilidade, e os encargos de dar mamadeira e demais alimentos para os irmãos, muitas vezes, deixava-me ansiosa.

Tudo tinha que ser muito certinho, senão a "varinha de marmelo" entrava em ação. Vivia muito angustiada e com muito medo. Para conseguir fazer tudo certinho recorria à reza. Pedia muito a ajuda e a proteção ao anjo da guarda. Sempre imaginava que tinha outra família que me ajudava: um pai, uma mãe e muitos amigos que viviam no outro mundo.

Gostava de subir nas árvores mais altas para ver se conseguia enxergar o outro mundo onde eles viviam. Nunca falava disso para ninguém, porque eu achava que, caso falasse, eles me abandonariam. Esse era o meu segredo. Sempre que sentia uma dificuldade, eles me ajudavam. A presença era tão sensível que sentia o calor e a brisa me afagando e me envolvendo.

Hoje, percebo que desde criança eu manifestava sinais de parapsiquismo. Um desses sinais era a capacidade de interagir com a presença de consciências que já não estão mais fisicamente entre nós, podendo ser amparadores ou assediadores.

Pré-adolescência – Amparadores existem

Quando decidi ingressar no colégio, o que me encorajou a ir a um lugar completamente estranho, falando só alemão, foi a certeza de que uma força superior iria comigo. E foi o que realmente aconteceu. Essa presença real, mas invisível, hoje consigo entender e explicar como sendo a verdadeira experiência da presença dos amparadores.

Amparador é a consciex (consciência extrafísica) auxiliadora de uma ou mais conscins (consciências intrafísicas). Para a denominação de amparador extrafísico há expressões equivalentes, desgastadas pelo emprego continuado: anjo da guarda, anjo guardião, guia, mentor, protetor. Eles são seres que nos apoiam e auxiliam no cumprimento de nossa proéxis, ou seja, na realização de nossa programação de vida para esta existência.

No grupo, cada um tinha a sua tarefa, e o grupo, por sua vez, tinha uma tarefa conjunta. A família tinha uma tarefa a ser executada conjuntamente. A própria convivência fraterna, o respeito e a compreensão mútua teriam que ser a missão de cada um no grupo familiar. Mas nem sempre isso ocorre.

Apesar das muitas dificuldades que enfrentamos na convivência, temos algo a melhorar e a realizar conjuntamente. O que conseguimos, e marcou muito a vida da nossa família, foi a união. Nós, apesar de nos separarmos desde criança, saindo para estudar em outras cidades, sempre que possível voltávamos a nos encontrar. Isso acontece até hoje. São encontros rápidos, alegres e positivos.

Entre alguns irmãos, amigos e primos acontece maior afinidade do que com outros. São amigos muito antigos de muitas vidas – *os afins se atraem.* Com outros, já não há essa empatia espontânea; a gente "se dá", mas é diferente. Aí entram os resquícios das dificuldades e das deficiências que trazemos de outras vidas. É possível que, em múltiplas existências, já tenhamos nos encontrado e sempre voltaremos a nos encontrar.

Cada existência é uma chance para melhorarmos algo. O que importa é que ninguém foge, e ninguém perde nem prende ninguém. O perdão é o carro chefe da evolução grupal. O que eu vivo na família serve de referência para outros grupos em que vou me integrar.

PARTE 2

FASE DO CONVENTO

DE 12 A 36 ANOS DE IDADE

CAPÍTULO 4

O Mundo da Ilusão

Aspirações e dificuldades

Uma etapa marcante da minha vida iniciou-se no dia 26 de fevereiro de 1954. Nesse dia, deixei a casa paterna para morar no convento com o objetivo de tornar-me religiosa. Havia completado 12 anos de idade.

Com a saída da casa paterna, iniciou-se um novo rumo da minha vida. Foi difícil a despedida da mãe e dos irmãos; choramos muito na hora em que meu pai e eu saímos, ainda noite, para percorrermos 7 km a cavalo até a estação do trem, onde meu pai me entregou a outra aspirante que nos aguardava na estação ferroviária.

Eu, com 12 anos de idade, viajando pela primeira vez em um trem durante 15 horas e indo para um lugar estranho, com pessoas que nunca havia visto. Sentia muita curiosidade e insegurança, mas ao mesmo tempo, uma certeza íntima me animava: a de conseguir estudar.

Chegamos à estação final onde havia uma freira nos esperando. Seguimos até o Colégio, onde nos ofereceram uma cama para dormir. Ao amanhecer, espiei por uma janela, era um dia de sol radiante. Para minha surpresa, estávamos no terceiro andar. Fiquei pasma, pois nunca havia visto construção além do térreo. Tudo era tão diferente! Eu conhecia bem árvores altas, montanhas gigantes, porém casa assim nunca havia imaginado existir.

Vieram nos buscar para nos levar ao refeitório onde, em meio a gente estranha, tomei o primeiro café da manhã. Estava ansiosa e sentia muita vergonha, com sentimento de perda, sem fome e com grande expectativa do que eu teria que enfrentar.

Então, lembrei-me da recomendação de minha mãe: "Nalda (assim carinhosamente me chamavam em casa), presta atenção, olha como as outras fazem, seja forte, seja obediente, faça tudo o que as irmãs mandarem e vai conseguir. Se você quer trabalhar com crianças abandonadas e ser professora precisa vencer as dificuldades, tenha coragem."

Foram essas palavras que me ajudaram a superar as adversidades.

Eu possuía pouca noção da língua portuguesa, pois falávamos a língua alemã na casa paterna. Apesar de a maioria das religiosas serem de origem alemã, preferiam falar somente o português, mesmo com um forte sotaque. A justificativa era para que todas aprendessem a falar bem o português. Muitas vezes, ao trocar os sons das letras **p**, **b**, **g**, **c**, eu servia de chacota e deboche de algumas colegas.

Por sorte, descobri, entre as aspirantes, uma colega que falava a língua alemã, o que me facilitou a comunicação. Conversávamos muito, mas tinha que ser escondido, pois era proibido falar uma língua que nem todos entendessem. Assim mesmo, conseguíamos contar as nossas histórias, o que facilitou a convivência, e tornamo-nos amigas.

A ideia de ir para o convento surgiu a partir de um artigo escrito no Anuário (calendário da família) que recebíamos. Meu pai costumava ler diariamente um trecho. Em uma dessas leituras, o assunto tratava de uma congregação religiosa, fazendo propaganda para o recrutamento de meninas com vocação para seguir o chamado à vida consagrada.

Queria ser professora para ensinar e ajudar os outros, afirmando não querer ter filhos, nem casar. Diante disso, meus pais e o padre acharam que seria melhor, para mim, seguir a vida religiosa. Na minha ingenuidade, eu iria para um mundo onde só existia amor, alegria e onde todos se ajudavam sem brigas ou desentendimentos. Imaginava ser o convento um lugar de muita paz, harmonia e santidade. Mas, para minha surpresa, já nas primeiras semanas, observei colegas chorando depois que haviam falado com a mestra.

Nos primeiros dias de minha estada no colégio, por um descuido, deixei bater uma porta. A mestra me chamou: "Renate" (nem sabia dizer o meu nome correto) e me repreendeu dizendo: "da próxima vez vais levar um castigo. Isto não pode acontecer aqui. Não podemos ser ruidosos". Eu gelei e engoli o choro, mas fiquei firme. Outro fato que me tirou a ilusão de que o convento seria um paraíso é que todas as integrantes, tanto as freiras quanto as noviças, eram muito sérias, carrancudas, andavam sempre cabisbaixas, sem olhar nem saudar ninguém.

Tarefas diárias

O juvenato, ou aspirantado, é o local destinado à formação para a vida religiosa, onde as jovens adolescentes vivem em comunidade, estudam, rezam, realizam atividades em comum. Etimologicamente, juvenato origina-se da palavra latino-romana: *juven* (juvenis, jovem) + ato ou ado (significando instituição).

Recebi as primeiras tarefas de trabalho na condição de juvenista: limpar os banheiros, varrer o pátio e auxiliar na limpeza das salas de aula, descascar frutas e batatinhas, rezar o terço e preparar o material para o início das aulas do ano letivo. Algumas semanas depois, quando estava me entrosando, fui transferida para uma outra casa filial, próxima da casa provincial, onde havia estado até então. Lá, éramos cinco juvenistas e quatro irmãs.

Senti mais segurança por sermos em número menor, apesar de a colega, com quem me comunicava na língua alemã, não ter ido comigo, o que me obrigou a um esforço maior. Dediquei-me a estudar português, fazia lista de nomes dos objetos com seus desenhos para gravar melhor. Quando estava sozinha, falava em voz alta para me ouvir falar, o que me ajudou visivelmente.

Cursei o terceiro ano primário. A professora era uma senhora casada, mãe de dois filhos. Ela marcou a minha vida pelas atitudes compreensivas e carinhosas. Senti-me amparada, o que ajudou na aprendizagem da leitura e da escrita. A professora teve uma didática especial, ensinando-me técnicas de como se deve estudar, fazendo esquemas. Esse método auxiliou-me muito em todas as etapas da minha escolaridade. Melhorou minha autoestima, criei maior segurança e construímos profundo laço de amizade.

As colegas eram da vizinhança, todas com bem menos idade que eu, o que não foi problema, pois lembravam meus irmãos menores. Eu brincava muito com elas durante os recreios.

Completadas as primeiras semanas de estada na nova casa, a saudade da família brotou. Subia no terceiro andar da casa de onde poderia ver roças ou o mato. As lembranças de meus irmãos em brincadeiras, de minha mãe fazendo uma comida gostosa e de meu pai cantando e assoviando alegre passaram a ser constantes.

Assolava-me uma sensação de perda, como se não tivesse mais chão. À tardinha, enquanto enchia os baldes de água para lavar as salas de aula, eu aproveitava para molhar o rosto e disfarçar o choro de saudade, pois se alguém me visse chorando, isso seria um grande problema, e eu teria que dar explicações.

As normas do convento só nos permitiam escrever e receber uma carta por mês. Ninguém podia saber o que realmente estava acontecendo conosco no convento. Tudo era sigilo. Era exigido mostrar o rascunho da carta para a irmã mestra, para depois passá-la a limpo e ser levada ao correio. As cartas que recebíamos também eram lidas, muitas delas destruídas.

Vivíamos em isolamento, não podíamos falar com ninguém sobre o que sentíamos, porque podia ser interpretado como "falta de vocação", o que nos devolveria para a casa de nossos pais. Eu me contive procurando seguir as normas, pois sabia ser essa a única chance de poder estudar. Conheci meninas que não almejavam ser freiras, mas se ofereciam para trabalhar no colégio com o intuito de apenas estudar, o que lhes foi negado.

Foi nessa época que a angústia, a saudade e o isolamento me levaram a descobrir a masturbação como uma forma de aliviar as tensões, relaxando e conseguindo dormir. Aos 15 anos de idade, durante uma aula de *"instrução"* religiosa, disseram-me que tal prática era considerada um pecado mortal.

Fato curioso é que as candidatas à freira eram adotadas por padrinhos ou madrinhas estrangeiros, que enviavam dólares para a congregação. Somente ficávamos sabendo do ocorrido quando tínhamos que escrever cartas, na língua estrangeira, para agradecer o presente. As cartas eram redigidas pelas próprias freiras e nós somente as assinávamos, sendo enviada juntamente com a fotografia da candidata. Nunca soubemos qual era seu conteúdo e o quanto recebíamos. Só sei que os meus padrinhos eram de uma família dos Estados Unidos da América.

Com o passar dos meses, as lembranças foram diminuindo, bem como a saudade da família e da casa paterna, e comecei, então, a estudar muito, a brincar e a ajudar as colegas. Aos poucos, fui me entrosando e a vida começou a ficar mais alegre e tranquila.

No entanto, ainda sofria com uma grande dificuldade, que era ter que me confessar, pois não sabia contar os pecados em português, muito menos descobri-los na lista de pecados do catecismo (livro onde encontramos ensinamentos sobre Deus, dogmas, mandamentos e a doutrina da vida cristã).

As colegas resolveram fazer uma listinha semanal e combinamos que todas contariam os mesmos pecados. Consegui decorar essa lista. O mais divertido é que, na hora da confissão, as penitências que recebíamos eram muito diversas umas das outras, por exemplo: alguém tinha que rezar três terços (rosário), outra somente três ave-marias, e havia quem recebesse o compromisso de rezar um pai-nosso, e assim por diante. Considerávamos muito estranha essa atitude do padre em dar penitências diferentes para os mesmos defeitos. Será que olhava a nossa estatura ou a cor do cabelo?

Uma simples e aparente obrigação semanal significava algo muito sério, tendo objetivos determinados de induzir à lavagem cerebral, ação essa muito bem elaborada e efetuada mediante as persuasões e inculcações, amenas, mas sistemáticas.

Segundo Vieira (1994, p. 462) a lavagem cerebral traz consequências desastrosas para a consciência, dentre as quais o medo, a culpa e o hábito de mentir.

O padre vinha uma vez por semana na escola e éramos obrigadas a entrar na fila para confessar. Além disso, tínhamos um caderninho tipo bloco de figurinhas, onde semanalmente era colado um santinho como prova de que havíamos cumprido o dever. Essa foi uma das coleções mais engraçadas que já havíamos feito. Naquela época, a moda eram os álbuns de figurinha. Todas nós gostávamos muito.

No final do ano, recebemos dois meses de férias na casa dos pais. As recomendações eram muitas, em especial referentes à modéstia e ao cuidado que deveríamos ter na convivência com nossos irmãos e primos. Foi estritamente proibido frequentar bailes e outras diversões consideradas mundanas.

Chegando a casa, era preciso apresentar-se ao padre, que era o encarregado de comunicar à Congregação qualquer atitude que demonstrasse incoerência em relação à vocação religiosa da candidata. Os pais, sabedores disso, ficavam vigilantes o tempo todo, e as cobranças eram constantes. A essa atitude podemos denominar, literalmente, de heterocastração.

O assunto "vocação religiosa" tomava conta das conversas nas rodas de amigos. Isso fazia com que eu me sentisse diferente, perdendo a espontaneidade. Eu queria ser uma menina igual às outras durante minhas férias e isso não era possível, porque eu devia ter uma atitude de candidata à freira, a quem tudo era pré-estabelecido, de acordo com as normas do convento. A reza do terço era compromisso diário, reunindo toda a família.

Apesar dessa carga opressiva, eu apreciava muito a companhia dos meus irmãos, pois a falta que eu sentia deles era muito grande.

Mecanismo de autocastração – Retorno das férias

Terminadas as férias, retornei ao convento, com certeza mais confiante, pois já conhecia a realidade do contexto conventual. Para minha surpresa, fui novamente transferida de casa, com a alegação da necessidade de treinar o desapego, pois o princípio conventual dizia que não podíamos nos apegar a ninguém nem fazer amizades.

No entanto, revendo hoje a lógica de tal diretriz, reconheço sua total impropriedade, pois considero a amizade verdadeira necessidade e arrimo, não só para quem está em um ambiente austero, carente de acolhimento, longe da família, amigos e do meio em que vivia, como para qualquer pessoa, em qualquer circunstância.

Uma pessoa que se isola não faz amigos, não compartilha, demonstra claramente indícios de sérios problemas emocionais e de relacionamento, passíveis de intervenção terapêutica. Posteriormente, quando me demiti do convento, a amizade foi o mais significativo recurso ao qual recorri para meu relativo ajuste social.

Dessa vez, éramos quinze aspirantes e oito freiras. O entrosamento foi mais rápido, apesar da rigidez das normas. Tínhamos horas dedicadas à formação, denominadas "instrução", momentos em que eram apresentadas todas as normas e regras a serem cumpridas, bem como as consequências do não cumprimento delas.

Os castigos não faltavam. Por exemplo: o pente deveria ser escovado todos os dias e mostrado para a mestra. Caso não estivesse bem limpo, recebíamos o "presente" de rezar um terço de braços abertos no meio da escada, entre um andar e outro. Caso estivéssemos com as unhas ou com as orelhas sujas, não recebíamos a sobremesa. Se, por descuido, batêssemos uma porta, perdíamos o direito ao recreio e nos obrigavam a lavar roupa ou a catar *cebolinhas de tiririca* (capim brabo) na posição de joelhos. Considerávamos essa última atividade muito divertida e engraçada.

A repressão era grande: nós vivíamos intimidadas o que, por vezes, provocava acidentes de percurso como, por exemplo, quebrar louças ou, até ferir-nos com objetos de trabalho, tirando *lasquinhas* dos dedos.

Um dia, após o almoço, recebi o encargo de subir na laranjeira para colher uma cesta de laranjas, o que fiz com prazer, pois lembrava a casa paterna. Tocou o sinal para irmos à sala de silêncio, realizar nossas tarefas escolares para o dia seguinte. Detestando o atraso, desci rapidamente da árvore. Por descuido, agarrei-me a um galho seco, caindo de uma altura de dois metros em cima de um entulho de pedras.

Colegas me socorreram; não conseguia andar, pois havia quebrado a perna e algumas costelas. Levaram-me para a cama, onde fiquei três dias apenas tomando chás. A dor era intensa. Após o terceiro dia, fui levada ao hospital, onde foram constatadas fraturas com processo inflamatório. Fui proibida de escrever para meus pais contando o ocorrido. Após meses de tratamento, voltei a andar. A recuperação foi mais fácil, pois tinha apenas 13 anos de idade.

Essa forma de tratamento rígido era resultado da severidade e da exigência das normas da Instituição que as freiras haviam recebido na Alemanha e na Suíça, sendo que a maioria delas imigrou para o Brasil após a Primeira Guerra Mundial. Nós comentávamos a respeito das dificuldades que as freiras deviam ter passado, pela separação da família, e costumávamos dizer: "vamos dar um desconto".

Apesar dessas dificuldades, o grupo de juvenistas era disposto e criativo. Formamos um grupo de teatro no qual eu participava com afinco e satisfação, pois podia representar diversos papéis e me soltar sem censura. Integrava um grupo de bailado, em que criávamos as danças e também formamos um coral com o auxílio de uma freira. Ocupávamos as horas de folga com essas atividades, que despertavam um grande prazer e alegria. Sempre que havia uma festividade, nos apresentávamos, animando o ambiente.

Em uma tarde de domingo, ouvimos, a distância, o gargalhar alegre das freiras durante o recreio, o que soou anormal aos nossos ouvidos e despertou nossa atenção e curiosidade. Então, resolvemos, por meio de um pequeno teatro, tirar a prova se, realmente, as freiras eram caridosas atendendo e ajudando aos pobres que batiam a sua porta.

Vestimo-nos com as roupas de trabalhadores da reforma da casa e, fingindo sermos pedintes, tocamos a sineta da porta. Uma freira nos atendeu, a distância, sem sequer olhar para nós, e mandou uma menina responsável pela cozinha nos dar um pão velho gritando: "Por favor, não incomodem mais. Vocês sabem que hoje é domingo e nós estamos em festa. O que vocês merecem é uma pedra ao invés de pão. Vão trabalhar, dessa forma não precisam incomodar quem trabalhou a semana inteira". Tal atitude nos surpreendeu, deixando-nos atônitas, pois era totalmente incompatível, não só com o que elas pregavam, como com a imagem e o conceito que tínhamos delas.

Nós frequentávamos a escola paroquial juntamente com as filhas de imigrantes holandeses. Muitas delas possuíam dificuldade com a língua portuguesa. Como eu havia passado por essa dura experiência, e já tendo aprendido o português, dispus-me a ajudá-las, o que me foi gratificante.

Uma hora de estudos era pouco para fazer os temas e decorar os pontos de história, geografia, ciências e outras matérias. Como alternativa, eu fazia esquemas e resumos que podiam ser levados para o trabalho. Repetia frase por frase, até memorizar o conteúdo. O sistema de ensino dos anos 50 era "decorar" sem se preocupar com o "entender".

O importante era saber responder às perguntas das sabatinas, das provas orais mensais e dos exames finais. Quem tivesse a capacidade de decorar era aprovado para o próximo ano escolar. Recebia ênfase especial ao decorar a "História Sagrada" (resumo do Novo Testamento). A bíblia na íntegra estava proibida de ser usada porque os relatos do Antigo Testamento poderiam provocar tentações contra a castidade e atentados ao pudor.

Um dos motivos de eu gostar de trabalhar sozinha é que havia a chance de pensar e de decorar os conteúdos das matérias, o que não era possível caso eu estivesse trabalhando com outra colega, porque tínhamos que rezar e repetir, em voz alta, jaculatórias (pequenas frases ou invocações que os católicos incluem em suas orações, no começo ou final dessas, ou no final de cada dezena do rosário, o tempo todo).

Não tínhamos o direito nem a oportunidade de pensar; a mente estava ocupada, o tempo inteiro, com rezas e *coisas* de Deus. Se porventura trocássemos algumas palavras e alguém nos visse, recebíamos um *pito,* isto é, éramos severamente repreendidas e castigadas, tendo que comer pão seco e outras formas criativas de punição.

Durante o jantar, todas as noites, havia o sorteio do nome de quem teria que recitar o texto da lição de casa de qualquer disciplina. Dessa forma, o jantar, que deveria ser um momento prazeroso, tornava-se um momento de expectativa angustiosa, que até tirava-nos a vontade de comer.

Analisando essa forma de ensinar e educar, chego à conclusão de que, na verdade, era aplicada uma espécie de pedagogia alicerçada no medo, na punição e na pressão psicológica, que resultava em um constante sentimento de insegurança e apreensão, traumatizando as adolescentes.

Como o tempo para estudar era escasso, eu fazia meu trabalho de limpeza das salas de aula o mais rápido possível, aproveitando o pequeno tempo que sobrava para estudar os pequenos resumos que eu fazia dos conteúdos. Isso me trazia uma grande satisfação, pois o estudo era, para mim, fonte de grande prazer. Sentia-me feliz ao perceber que havia conseguido memorizar as lições, as poesias e os textos exigidos pelos professores.

CAPÍTULO 5

POSTULADO – PERÍODO DE TRANSIÇÃO – AOS 16 ANOS DE IDADE

O Postulado é um período de transição entre a vida laical, que até então os postulantes levavam, e aquela que passam a viver os que querem seguir o caminho religioso de freis ou freiras. As pessoas que convivem no postulantado são chamadas de postulantes.

Completado o tempo de juvenato, fui convidada a preencher uma ficha com muitas perguntas sobre minhas qualidades, defeitos e maiores virtudes. Esta ficha era preenchida por quem aspirava ingressar no postulado, etapa posterior ao juvenato, na qual a formanda faz a passagem da vida secular para a vida religiosa.

Uma das características que diferencia juvenato e postulado é a vestimenta. No juvenato, tínhamos permissão para usar roupas de cores escuras e uma pelerine (peça curta, de modelagem godê, que cobre apenas os ombros e a parte de cima dos braços) pequena com colarinho branco. No postulado, o vestido e o pelerine ficaram mais longos. O vestido era, obrigatoriamente, preto e levava um colarinho branco engomado. As meias também deviam ser pretas.

Eram vasculhadas a vida, a saúde, a religião, as situações afetivas e financeiras, tanto minha quanto de todos os familiares, desde os pais, irmãos, tios, tias, primos e avós. Era feita também uma investigação sobre doenças na família. Caso houvesse problemas de câncer, depressão, prostituição ou portadores de deficiências físicas na família, isso era motivo de exclusão da candidata.

Era obrigatória a apresentação da certidão de casamento dos pais, a minha certidão de batismo, de crisma e de primeira comunhão e, além disso, um atestado de sanidade física e mental.

Esse informe era avaliado pela equipe provincial que, por sua vez, o encaminhava ao conselho geral de Roma, onde recebia o último parecer de aceitação ou de rejeição da candidata. Graças à omissão de informação fui aceita e pude continuar a estudar.

Tive um sério problema de consciência por ter omitido a informação de que meu avô e minha mãe sofriam de depressão e minha mãe tinha duas irmãs deficientes físicas, uma com Síndrome de Down e outra autista.

A Síndrome de Down, ou trissomia do cromossomo 21, é um distúrbio genético causado pela presença de um cromossomo 21 extra, total ou parcialmente. Essa síndrome recebe o nome em homenagem a John Langdon Down, médico britânico que a descreveu em 1862. A causa genética foi descoberta em 1958, pelo professor Jérôme Lejeune, que descobriu uma cópia extra do cromossomo 21.

O autismo é uma alteração que afeta a capacidade de comunicação do indivíduo de estabelecer relacionamentos e de responder apropriadamente ao ambiente. Algumas crianças, apesar de autistas, apresentam inteligência e fala intactas, outras apresentam sérios retardos no desenvolvimento da linguagem. Alguns autistas parecem fechados e distantes, outros parecem presos a padrões de comportamentos restritos e rígidos. Assim, ingressei no postulado omitindo informações sobre as doenças da minha família.

Para a entrada no postulado, era exigido um enxoval que constava de um fardo de morim branco e outro de algodão cru, usados na confecção das roupas íntimas e das cortinas que dividiam nossas celas (quartos de dormir). Levávamos também meia dúzia de sapatos pretos amarrados com cadarços, tinta e pasta para os sapatos. Eram exigidos poucos tubos de pasta de dentes e de sabonetes, pois, após algum tempo, usava-se somente o sabão, até mesmo para escovar os dentes. Também era preciso levar toalhas de banho e de rosto, uma bacia e um balde para se lavar, pois o banho era restrito a duas vezes por semana.

Diante da realidade econômica da minha família, a exigência de levar um enxoval de tal volume causou um grande impacto, obrigando os demais membros da família a fazerem um grande esforço para que eu pudesse continuar no postulado.

Usos e costumes – Técnicas religiosas

Cada candidata recebeu o livro chamado *"Vade mecum"*, expressão em latim que significa "vai comigo". Esse livro traçava todas as normas a serem seguidas com rigor, desde o levantar até o deitar à noite. Determinava os mínimos detalhes de cada gesto ou atitude, de como sentar, comer, falar, rir e andar. Tínhamos que andar com passos curtos, sem ruído, mãos nas mangas e olhar para baixo.

O dia iniciava às cinco horas da manhã, com o toque da sineta e um brado, em voz alta, que dizia "Louvado Seja Nosso Senhor Jesus Cristo", frase que servia de saudação durante todo o dia, sempre que se encontrasse alguém do convento. Todas tinham que saltar imediatamente da cama respondendo: "Para Sempre Seja Louvado", prostrando-se em terra e beijando o chão, em sinal de humildade e de disposição de servir.

Apesar do sono que ainda sentia, em virtude de estar em período de crescimento e estar submetida a um trabalho intenso e cansativo, durante o dia fazia um grande esforço para cumprir minhas tarefas com perfeição.

A norma a ser cumprida era: lavar-se, vestir-se, deixar a cela – um grande salão dividido em quartos somente pelas cortinas – em ordem e seguir para a capela para as rezas matinais, mais meia hora de meditação.

A seguir, ocorria a Santa Missa com comunhão e, logo após o café da manhã, devíamos lavar e estender as roupas de todas as moradoras do convento, indo cada uma para os seus encargos do dia, estudos ou trabalho. Às dez horas havia um lanche, que, normalmente, era composto de feijão mexido com farinha de mandioca. Ao meio-dia, almoço. Trinta minutos de recreio eram sagrados.

Todas se obrigavam a participar e podíamos conversar, em voz moderada, sobre assuntos referentes à Instituição ou a temas espirituais. Dobrar ou cerzir roupas e meias eram as atividades mais corriqueiras durante o recreio.

Somente nos recreios dos domingos era permitido passear no jardim, jogar ping-pong ou cartas.

À tarde, após o recreio, tínhamos estudos, reza do terço, instrução sobre as normas da instituição, trabalho e, às seis horas, a reza do *Angelus*. A seguir, o jantar e os Salmos com a meditação. Após, passávamos pelo *exame de consciência* (ato de confronto da vida com a moral, listando os pecados e as faltas cometidas contra a lei de Deus e o próximo) e o ato de contrição.

Alguns minutos antes das nove horas, devíamos estar na cela e nos preparávamos para dormir. Antes de deitar, tínhamos que nos ajoelhar e rezar três Ave-Marias com os braços em cruz, pedindo uma boa hora da morte e beijar o chão. Às nove horas da noite em ponto, apagavam-se as luzes e iniciava-se um grande silêncio, não era permitido que se fizesse nenhum ruído.

Porém, muitas vezes, preocupada com as provas, levantava-me no meio da madrugada e ia, pé ante pé, procurando fazer o mínimo ruído, até um corredor onde havia uma relativa luminosidade, provinda de uma lâmpada da rua, para estudar os conteúdos das provas. Era muito arriscado, mas assim eu conseguia fixar melhor a matéria. Essa técnica, que aplico até hoje, é denominada e conhecida como a *técnica da madrugada.*

Durante o ano de Postulado, a candidata estava sujeita a provas vocacionais inesperadas e à preparação para seguir a vida religiosa. Eram colocados chocolates ou balas na gaveta do criado mudo da cela, ou na mesa de estudos e, caso alguém comesse, era considerada infiel, incapaz de vencer a gula. Um ponto a menos na ficha. Somente nos dias de festas, recebíamos de duas a três balas e, eventualmente, chocolate.

Vivíamos em constante incerteza e expectativa do que estaria por vir. Não havia acesso a nenhum meio de comunicação, a não ser o sermão do padre, a instrução da mestra e os livros que tratavam somente de assuntos religiosos, virtudes, pecados, sacrifícios e santidade. Quando não havia certos livros na estante, por exemplo, livros didáticos, precisávamos apresentá-los à madre superiora para verificar se o mesmo não constava do *index* (índice de livros proibidos), que foi criado pela Igreja no século XVI, durante a inquisição e abolido pelo Concílio Vaticano II no ano de 1966. A própria Bíblia constava da lista do *índex,* devido aos escândalos e às orgias sexuais.

O *index* era classificado desse modo: os livros de santificação eram considerados convenientes, podendo ser lidos por todos. Os livros sobre teologia e doutrinas da Igreja só podiam ser lidos por quem tivesse ótima formação doutrinal. Outros tipos de livros eram os destinados a quem tivesse espírito crítico, que não era desenvolvido no convento. Os demais livros, que tratassem de romance, de moral ou de sexo, eram proibidos.

Entre os permitidos, encontrei livros sobre a vida dos santos, de cuja leitura gostei muito, principalmente de São Francisco de Assis, de Santa Clara e de Santa Edwiges. A vida de São Francisco de Assis eu apreciei pelo grande amor e respeito aos animais e à natureza, pela alegria e espontaneidade com que ele louvava o sol, a lua, as estrelas, as águas, as montanhas e as árvores e pela forma simples como interagia com todos os fenômenos e acontecimentos da natureza. A vida de Santa Clara eu gostei pela sua coragem de mostrar que amar é lindo e o amor vence tudo. Admirei Santa Edwiges pela capacidade de enfrentar qualquer dificuldade e buscar a cura por meio das ervas medicinais.

Essa foi a forma ingênua que encontrei para eleger os meus ídolos. Afinal, na época da juventude, estudante do curso ginasial com alunas externas que falavam e se divertiam com seus ídolos: *Elvis Presley*, outros astros do *Rock 'n' Roll* e os astros e estrelas do cinema, por exemplo, *James Dean*.

Avaliando com criticidade a minha atitude de fazer apologias aos ídolos e aos santos, vejo-a, hoje, como uma fuga improdutiva e falsária. Eu pretendia imitá-los e me tornar santa para salvar o mundo.

Processos intraconscienciais

O período existencial da adolescência, de grandes mudanças somáticas e psicológicas, foi marcado por inúmeros conflitos e intensos esforços para a autoafirmação. Nessa fase, ocorreu a assimilação dos valores sociais que implicaram na "convivência", em diversos ambientes.

Os valores despertados e colocados em prática eram os estipulados pelos princípios religiosos. Eram enfatizados aqueles que correspondiam aos interesses da Congregação. Dentre os de maior destaque estavam: a obediência, a humildade, a abnegação, a caridade, o amor ao próximo, o amor a Deus, a pobreza de espírito e a castidade. Tudo se concentrava em torno de um objetivo e de meta final: "Servir a Deus e ao Próximo", para alcançar a santidade.

Na época, eu era uma adolescente um tanto quanto "destrambelhada", que quebrava copos, pratos e outros objetos; contudo, esforçada para conquistar a perfeição, trabalhando, rezando e estudando com afinco. Acreditava que eu, na condição de candidata à vida religiosa, teria condições de ajudar a minha família e as outras pessoas a não irem para o inferno.

Nesse contexto, é interessante destacar que, ao identificar um desagrado, ao ter que proferir trecho de certas orações, como na Salve Rainha – *"desterrados filhos de Eva, gemendo e chorando neste vale de lágrimas"* – ou como no Salmo 31; 11 – Apelo na aflição – *"minha vida se esvai em tristeza, e meus anos em gemidos,..."*.

Inconscientemente já percebia as energias negativas daí emanadas, que me provocavam um sentimento de angústia e tristeza. Por outro lado, havia outras orações cujo conteúdo me deixava mais animada como, por exemplo, os salmos de louvor. Essa constatação me leva a alertar os leitores dessa narrativa sobre o fato de que, ao proferir as palavras de uma oração, tal ato não é indiferente, ao contrário: é entrar, compactuar e multiplicar as energias e sentimentos nela impregnados pelo autor que a redigiu e por todas as pessoas que já a pronunciaram.

Apesar do grande esforço, percebia que um vazio e uma certa tristeza invadiam o meu ser. Para preencher esse sentimento, intensifiquei a leitura sobre a vida dos santos e os grandes romances do Cristianismo. Com essas leituras, encontrei uma fuga da realidade e vivia no imaginário. Percebia ser impossível eu me tornar santa, pois tinha tentações contra a castidade, ficava impaciente e brigava com as colegas.

Procurava sempre colocar em primeiro lugar as necessidades e desejos dos outros, assumindo as culpas. Fui acostumada a pensar somente nos outros, a ponto de achar que a preocupação comigo mesma era algo egoísta. Não conseguia entender o equilíbrio entre o dar e o receber no convívio grupal e social. A autovitimização e a culpa eram atitudes constantes que, além de negativas, em nada contribuíam para o meu crescimento.

A afetividade era reprimida e eu não sabia como lidar com ela. As modificações físicas, o despertar do sexo, eram processos que me provocavam confusão mental e emocional. Ensinavam-nos que quanto menos aparência feminina, melhor, para não ser motivo de tentação da carne. Essa maneira de pensar teve consequências marcantes na negação do meu ser feminino de tal forma que, ao sair do convento, eu nem sabia bem como me vestir, comunicar e comportar, desconfiando de tudo e de todos.

Noviciado: processo de desvalorização da mulher
Negação da fisiologia – Aos 17 anos de idade

O Noviciado é o período de preparação que precede a emissão dos votos religiosos. Fui considerada apta para a vida religiosa e recebi o *hábito*. Veste longa preta, de lã, com um véu de pano branco engomado, usado com um rosário no lado direito e uma cruz no peito.

Com a entrada para o Noviciado, a negação do feminino tornou-se mais evidente. Eram sete dias de retiro, com muitas horas de meditação e conferências de um padre, geralmente Jesuíta, um verdadeiro "gênio", que falava sobre o inferno e o purgatório da maneira mais estrondosa que uma pessoa possa imaginar. Outros assuntos eram: o pecado mortal, o desapego, a virgindade, a castidade, a obediência cega, a renúncia à própria vontade. Durante os dias do retiro, havia as ações concretas de algumas dessas "virtudes".

Um exemplo de desapego à vaidade feminina constava do seguinte: as candidatas se reuniam em um local pré-determinado e uma freira vinha com uma tesoura, cortava o cabelo e, depois, com máquina, raspava a cabeça. A candidata tinha nas mãos um espelho para se contemplar com a cabeça raspada e, em seguida, o espelho era retirado, uma vez que, no convento, espelho era coisa proibida.

Tal fato chocou muito a mim e a todas as colegas que passaram por esse acontecimento. Realmente, era como a cena de um filme em que o ator chorava e ria. O ridículo e o cômico misturavam-se. Ninguém podia falar nada, era um retiro de silêncio absoluto e éramos severamente vigiadas.

No momento em que me olhei no espelho e vi minha imagem desmontada, levei um susto, tive um momento de lucidez e percebi estar me iludindo por ter optado em continuar nesse caminho. Mas era tarde, o jeito era, mais uma vez, esperar que algo melhor acontecesse. Éramos vinte e uma colegas e a situação era partilhada por olhares. O leitor pode imaginar a expressão de espanto e a perplexidade da turma.

Outro ato da negação do amor próprio constava do seguinte: era de praxe, para quem chegasse ao final do período do postulado, trocar o nome de batismo por um novo nome escolhido pelas madres superioras. Isso acontecia da seguinte maneira: na presença da Madre Superiora, representante do Capítulo Geral de Roma, onde se localiza o centro administrativo da congregação, as candidatas, uma por uma, prostravam-se em terra diante dessa autoridade, em sinal de negação própria. Entregava-se o nome de batismo e pedia-se um novo nome.

Conforme a tradição e seguindo as escrituras, a troca do nome e a profissão dos votos representavam o distanciamento da religiosa do mundo banal, despojando-se da velha mulher corrompida, para renovar o entendimento e revestir-se de uma nova criatura. Mudar o nome é mudar a sua vocação, a sua forma concreta de ser e de agir. Os nomes haviam sido previamente escolhidos por uma equipe do conselho e gravados em uma plaqueta. Uma por uma das noviças recebia a plaqueta com seu nome surpresa. Juntamente, vinha um santinho com a imagem do padroeiro de cada uma.

O meu nome foi escolhido condizente com o meu temperamento sanguíneo (pessoa marcante e que não passa despercebida. É jovial, apaixonada, alegre e sociável. Sempre animada, gosta do contato com a natureza, tem amigos em todas as partes. Seu ritmo é rápido, entusiasta, os movimentos são amplos, dinâmicos e expansivos): Maria Dionise seria o meu novo nome. O padroeiro onomástico era São Dionísio Areopagita, teólogo e místico, provavelmente originário da Síria, autor de um conjunto de escritos, conhecidos com o nome de *"Corpus Areopagiticum"*. Dionísio Areopagita é mencionado oficialmente pela primeira vez, pelos Monofesitas Sverianos em um encontro entre católicos Calcedonenses e Monofesitas em Constantinopla em 532.

Eu teria que seguir o exemplo do Santo que, mesmo depois de decapitado, andou alguns metros, carregando nas mãos a cabeça, antes de se entregar. Inicialmente, essa história foi muito complicada e espantosa. Confundia-me muito quando alguém me chamava pelo nome de Dionise, pois ficava atrapalhada.

O que achei engraçado é que, mesmo trocando de nome, não percebi mudança alguma em mim, pois, na essência, eu continuava sendo a mesma, com um grande vazio interior. Quando falava sobre isso com a Madre, ela dizia que eu era como uma lata vazia que rola escada abaixo e faz muito barulho e eu ficava pensando: "então enche de pedra e imagina o barulho que vai fazer".

Um dia após a troca do nome, aconteceu a "vestição". Pela manhã, vestimos a nova mulher (sem as roupas íntimas), com roupas determinadas pelas normas e costumes conventuais, confeccionadas pelas costureiras freiras. A roupa era de algodão cru muito áspero e o hábito de lã grossa preta com um véu branco engomado, uma grande cruz no peito e um pesado rosário pendurado do lado direito. Os sapatos tinham de ser de homem e ter cadarço.

Isso tudo para renegar a velha mulher e para buscar a nova criatura à imagem e à semelhança de Deus. Sentia-me carregando um fardo pesado. Não era mais do mundo, mas ainda vivia nele, o que me levou a grandes questionamentos. Passei a noite revirando-me na cama sem poder dormir. Não tinha mais meu cabelo, do qual gostava muito. Tiraram meu nome, que era minha identidade desde criança. Senti-me aniquilada, com meu mundo sumindo. Senti vontade de morrer.

Tudo isso ocorreu também com a maioria de minhas colegas. Naquela noite, se podiam ouvir soluços sufocados pelos travesseiros, o que contagiou a todas. Fomos pegas de surpresa, como uma traição, pois ninguém, até então, nos havia informado que esse seria o processo a que teríamos que nos submeter.

Considerando hoje essas ações, vejo que havia uma verdadeira depredação da dignidade da pessoa humana em nome de servir a um suposto ser superior, ideal, onipotente, onisciente, misericordioso, amoroso, criador de tudo e todos e de uma instituição milenar que o representa na Terra.

Esse é um dos fatos que me indicam que fui exemplo de automimese existencial, isto é, da repetição de uma vida passada. Com certeza estava imitando minhas próprias vivências do passado, ou seja, de existências anteriores a esta vivida hoje.

A família foi convidada para a solene festividade da vestição. Entramos nesse clima por termos sido capazes de vencer mais uma etapa. A capela estava linda, cheia de flores e brilhos. A missa com solenes cantos. Tudo muito festivo.

O encontro com os familiares foi bom, apesar de que todos me acharam estranha com tanta roupa, literalmente *entrouxada.* Era ruim o incômodo da cabeça raspada, de estar sem sutiã, usando roupa de lã em pleno verão, além do peso da cruz e do rosário e o sapato apertado. Sentia vergonha e praticamente não falava, pois estava sem assunto, o que causou preocupação em minha mãe. No entanto, percebi o orgulho de meu pai por ter uma filha religiosa.

Ao fim do dia, quando a família se despediu, senti um desespero, uma vontade de largar tudo e voltar com eles. Isso era impossível, pois não tinha coragem para tanto, estando com a cabeça raspada. Já que não tinha outra saída o jeito era calar e me acostumar.

No primeiro ano do Noviciado, não havia autorização para estudar, a não ser as *santas regras,* o novo testamento e os livros da vida dos santos.

Os trabalhos braçais e domésticos eram mais intensos, pois era o ano da provação. Tínhamos que fazer uma lista de propósitos, isto é, o que iríamos melhorar durante a semana (fechar a porta sem ruído, prestar um favor a uma colega ou rezar pelas almas do purgatório), bem como apresentar tal lista semanalmente para a Mestra, que nos apontava os defeitos a serem trabalhados e melhorados.

As penitências e os sacrifícios eram intensificados. Eu me empenhava ao máximo para pôr em prática todos os propósitos e realizar, da melhor maneira possível, todos os trabalhos.

Ao final daquele ano, recebemos, por ocasião do Natal, um "Kit dos instrumentos de penitência" (tortura). Constava de um chicotinho com bolas nas pontas e uma corrente com pontas afiadas, chamada cilício, para mortificação da carne.

Nas sextas-feiras, era hábito, cada freira devia se flagelar (se surrar com um chicotinho até ficar com vergões em homenagem a Jesus crucificado). Aos sábados, usávamos a corrente com pontas agudas, o cilício, que era preso na coxa o mais apertado possível. Essa penitência destinava-se à salvação das almas do purgatório (condição ou processo de purificação, ou castigo temporário, para as almas daqueles que morreram em estado de graça, segundo a apologética católica).

Pela orientação da doutrina do *Opus Dei,* que norteava o esquema das práticas de penitências no convento, a mortificação da carne seria uma das formas concretas de agradar a Deus. Eu considerava essa atitude errônea e, por que não dizer, um insulto à sã inteligência humana. Mortificar a carne significa, literalmente, *matar a carne,* atendendo à necessidade de aplacar a ira divina pela expiação das culpas, mediante a realização de sacrifícios físicos.

Ao usar esses instrumentos de tortura, eu sentia uma revolta muito grande. Muitas vezes, lembrei-me de quando o pai nos ensinou a nunca bater nos animais, pois, do contrário, eles se tornariam raivosos e indomáveis.

O santo José Maria Escrivá de Balaguer (1902–1975) nos era colocado como modelo e exemplo no uso da penitência do corpo. A justificativa era: temos que passar pela experiência da penitência para acalmar os instintos da carne e entender qual é o nosso lugar no universo e sermos merecedores dos benefícios e recompensas de Deus.

Minha opinião quanto a isso tudo é: nós pertencemos ao reino animal e nos consideramos o ser mais evoluído desse planeta. Apesar de nossa inteligência, em nome de *doutrinas castradoras,* nos submetemos e nos tornamos seres inferiores aos irracionais. Na história da humanidade, não existe registro de animais que se torturem pelo autoflagelo. Somente o homem que se aliena é capaz de tamanhas aberrações. Provocar dor e sofrimento, em nome de Deus, sem medir as consequências físicas, é sadismo. Que Deus é esse? Que loucura é essa? Se ele é bom, como pode aceitar e gostar dessa tortura e sofrimento?

O mais alarmante é o fato de uma instituição que prega o amor ao próximo incentivar a penitência e a autotortura, esquecendo que o "primeiro próximo" é a própria pessoa, cada um de nós. É muito séria a responsabilidade dessa atitude, destruidora de corpos e de consciências, em nome de nos tornarmos santos ou para agradarmos a um ser superior.

Foi durante esse período que passei a sentir uma dor violenta na coluna. Estava carregando o mundo nas costas e queria salvá-lo... Minhas unhas começaram a inflamar e a quebrar-se em consequência do uso constante de sabão à base de soda, muito forte. Além disso, tornei-me uma pessoa calada. Baixei a cabeça e enverguei o corpo para frente com o objetivo de esconder os seios que se mostravam salientes sob a pelerine, uma vez que não usávamos sutiã. Sentia-me sufocada dentro daquelas vestes de lã preta, especialmente na época do verão.

Havia dias em que não conseguia comer, e nem ao menos pensar. As palavras que ouvíamos todos os dias eram: o convento é oásis de *purificação;* é o lugar de felicidade e a riqueza de conquistarmos o cêntuplo, já aqui na Terra, e o céu como recompensa.

Após o Concílio Vaticano II (1962–1965), as normas do uso do cilício e da disciplina foram abolidas.

Hoje eu entendo que, no momento em que praticava atos de violência contra o próprio corpo, estava sujeita a atrair consciexes (consciências extrafísicas) afinizadas com esse tipo de energia doentia. Ao mesmo tempo, essa atitude violenta de desamor não deixou de me trazer consequências nocivas para a saúde física, emocional e mental, provocando, muitas vezes, desejos de morrer.

Após a saída do convento, à medida em que fui tomando consciência das falácias da prática da penitência corporal, cheguei à conclusão de que era preciso "correr atrás dos prejuízos" causados por atitudes assim. Empenhei-me ao máximo para ter um soma (corpo físico) sadio mediante hábitos corretos de alimentação, higiene e exercícios físicos. Entendi que, com mais saúde e vitalidade, teria maior chance de prestar assistência às outras pessoas. Para isso, era preciso raciocinar e agir com mais lucidez para conquistar maior equilíbrio holossomático.

Para alcançar pequenas mudanças, foram necessários muitos esforços e treinos, tanto na maneira de pensar, quanto no modo de agir. O esclarecimento a respeito da minha verdadeira origem e do meu destino foi o caminho para o início da mudança dos meus pensenes – conjunto de pensamentos, sentimentos e energias.

Descobri que a ideia de que nascemos para sofrer foi, para mim, tal qual cabresto, que me foi colocado a fim de dificultar e de aprisionar minha liberdade de pensar. O aprisionamento do pensamento é uma das consequências das estruturas místico-religiosas milenares.

Alerto ao leitor sobre até onde um processo de lavagem cerebral pode levar uma pessoa. Todo esse processo não deixou de ser um suicídio. Na verdade, eu estava me matando, destruindo a própria vida pelas penitências e pelo excesso de trabalho forçado. Pelo fato de eu ter um porte físico mais forte e resistente, os trabalhos que exigiam mais força física eram destinados a mim. Apesar de difíceis, nunca me neguei a realizá-los, pois não queria desagradar ou destruir a imagem de *poderosa* que procurava preservar.

Como consequência dessa servidão voluntária, resultaram problemas de coluna que me importunaram desde os 15 anos de idade e acompanharam-me até os 59 anos, quando o problema foi resolvido por meio de uma cirurgia bastante delicada.

À medida que estou revendo o meu processo do passado, "as fichas vão caindo". Avaliar esses fatos da existência, enfocando-os nas premissas conscienciológicas, auxiliou-me na sua desdramatização, uma vez que, sem dar-me conta, fui repetindo os mesmos atos e atitudes vida após vida, pois, apesar de não concordar intimamente, fui me deixando levar por algo que me parecia ser muito familiar, além de parecer o único caminho para chegar à santidade.

CAPÍTULO 6

JUNIORATO: VOTOS RELIGIOSOS – AOS 20 ANOS DE IDADE

O Juniorato é a etapa da vida religiosa que antecede à realização da profissão dos votos religiosos. Ao longo de vinte e quatro meses, acontecia uma intensa vivência e preparação para os votos religiosos. Nesse período, tornei-me uma pessoa submissa e calada, mesmo nos intervalos de recreio. Por dentro, eu fervilhava como um vulcão, mas me continha. Não conseguia compactuar com certas ideias e atitudes, porém não sabia o que seria possível fazer. Era um contínuo conflito íntimo.

Essa situação provocou sérios problemas de saúde: males do fígado, da coluna, da vesícula e cirurgia das amídalas. Questionava-me sobre o sentido da vida e a resposta era imediata: quero tornar-me irmã para ajudar os outros, especialmente as crianças carentes; e atingir a perfeição.

Aconteceu o retiro, considerado a última etapa do período preparatório para as "núpcias com o divino esposo". O livro, Cântico dos Cânticos, de Salomão, era usado para a motivação, apresentado como um vislumbre da plenitude do amor humano e do dinamismo para o transcendente, autodoação e irradiação da bondade de Deus. A seguir, destaco alguns trechos do cântico "Exaltação do amor":

O Divino noivo diz: "Como és formosa, minha amada! Como és formosa com teus olhos de pomba!" Cântico dos Cânticos (C.C.) – Exaltação do amor, capítulo 1, versículo 15.

Ela responde: "E tu meu amado, como és belo, como és encantador! O verde gramado nos sirva de leito!" C.C., capítulo 1, versículo 16.

"Os cedros serão as vigas de nossa casa e ciprestes as paredes." C.C., cap. 1 ; 17.

Ele: "Levanta-te, minha amiga, minha formosa e vem!" C.C., cap. 2 ; 10 " Eis que o inverno já passou, cessaram as chuvas e se foram as noites frias. Da figueira brotam os primeiros figos, exaltam perfumes as vinhas em flor" C.C., Cap. 2 ; 11,12 e 13.

"És toda formosa, minha amada, e em ti não encontro defeito algum" C.C., cap. 4 ; 7.

Ela: "Eu sou do meu amado, e o meu amado é todo meu. Ele é um pastor entre lírios."

Com esse lirismo, éramos conduzidas a fazer a entrega total ao misterioso esposo. O chamado e a promessa da salvação eterna se resumem neste versículo: "Todo aquele que por minha causa deixar irmãos(ãs), pai, mãe, filhos, terras ou casas, receberá o cêntuplo e possuirá a vida eterna." Mateus; 19; 27 a 29.

Nem todas essas exaltações foram capazes de me convencer a sentir-me digna de pertencer ao número das escolhidas. Com grande medo de rejeição, fiz o máximo para cumprir todas as normas a fim de não decepcionar o "esposo que havia me escolhido", embora nunca me sentisse amada por ele.

Voto de obediência

"Jurar obediência ao superior, negar a própria vontade, oferecendo sacrifício de si próprio para unir-se, de modo seguro, à vontade de Deus. Seguir o modelo de Jesus Cristo que veio cumprir a vontade do Pai."

Esses princípios que os religiosos adotam, submetendo-se aos superiores, que fazem as vezes de Deus, aceitando a forma de servos. A religiosa presta um humilde obséquio às suas superioras, contribuindo com as forças da inteligência e da vontade, com os traços fortes e tolerantes que a natureza lhe proporcionou, cumprindo as tarefas a ela confiadas.

As superioras escutavam as sugestões das súditas promovendo a cooperação. No entanto, permanece a sua autoridade de decidir e de prescrever o que deve ser feito, exigindo a obediência cega, sem questionamento.

A partir desse voto, muitas vezes, entrei em conflito consciencial, apesar de ser constantemente elogiada pelas superioras em função da exatidão e de competência em desincumbir-me dos compromissos que me eram legados.

Pela inteligência e capacidade prática de realizar essas tarefas, eu sabia que a forma de agir ou realizar algo não era correta, mas, pelo fato de não ter outra opção, agia seguindo as ordens. Considero que as consequências desse comportamento foram danosas em certas ocasiões, especialmente se algo trazia resultados insatisfatórios. A ação era sutil, mas tão bem conjugada que, aos poucos, passei a acreditar que, seguindo as ordens, estaria acertando mais do que errando.

A superiora era colocada como o canal da manifestação da vontade de Deus que tudo vê e tudo sabe.

Na época, se alguém me advertisse sobre a real situação da lavagem cerebral a que estava me sujeitando, não teria aceitado. É muito difícil admitir que isso ainda aconteça em nossos dias. Mas é só olhar ao nosso redor e observar as formas de induções e manipulações que o misticismo e outras teorias espúrias usam de forma simples, mas perigosa, sujeitando as pessoas.

As consequências são desastrosas para quem sempre realiza o que outro determinou, sem qualquer questionamento. O resultado é o bloqueio da capacidade individual de ser humano, que se sujeita a realizar o que uma "entidade", que se coloca superior ao livre-arbítrio individual, determina. Em sã consciência, hoje eu sei que, simplesmente, estava seguindo a mesma trajetória que já havia trilhado em outras vidas, isto é, tornei-me um simples "antepassado de mim mesma".

Cheguei à conclusão de que me conformar em viver, hoje, repetindo inconscientemente tudo já realizado e ultrapassado em várias vidas humanas (Seriexologia) de automineses dispensáveis tornou-se inconveniente e contraproducente para a própria evolução. "É estar em ponto-morto na evolução, um vegetal humano".

O pensamento girava em torno da ideia de que "o futuro seria melhor", embora não tinha certeza do que realmente seria o melhor. No entanto, eu tinha esperança de que esse algo melhor iria acontecer.

Na verdade, eu me encontrava infantilmente estagnada na evolução. O vazio que me acompanhou desde a infância já era um sintoma de que algo diferente havia sido projetado para a minha vida, ou seja, a minha programação existencial. No decorrer das páginas deste livro, voltarei a falar desse assunto.

Pelo voto de obediência, o membro da congregação era transferido, no mínimo, de dois em dois anos, conforme as normas das santas regras.

Justificavam essa prática dizendo que não deveríamos criar raízes, pois o correto era que florescêssemos e frutificássemos em qualquer lugar onde nossos superiores, em nome de Deus, nos colocassem. Éramos aconselhadas a não ter as mesmas amizades por muito tempo, para evitar criar laços afetivos e a amizade não se tornar particular. Deveríamos ter todas as colegas do convento como as verdadeiras amigas. Hoje, penso que tal norma servia para que as superioras pudessem colocar qualquer uma das colegas irmãs para vigiar e relatar os comportamentos e as atitudes de cada uma sem levantar suspeitas.

No meu caso, concordava com as transferências de casas e locais de trabalho por me adaptar facilmente, gostar de coisas novas e não me apegar facilmente às pessoas.

Voto de castidade

Segundo o que é pregado pela Igreja Católica, a castidade seria a forma de liberar, de modo singular, o coração para Deus, e inflamar-se na caridade e na doação à humanidade.

O juramento do voto de castidade perante a comunidade presume a negação do sexo, a mortificação e a guarda de todos os sentidos.

Dessa forma, não nos deixaríamos iludir por falsas doutrinas que afirmavam ser impossível manter a continência perfeita, ou que a ausência da prática de sexo seria nociva ao desenvolvimento humano. Hoje, considero ser a falta de sexo o causador de consideráveis desequilíbrios físicos, mentais e emocionais. Era defendida a ideia de que "o amor entre os membros da Comunidade e o amor ao Divino esposo preencheriam a necessidade dos prazeres humanos e carnais".

A recomendação a respeito dos perigos à castidade era veemente: "Lembrem-se disso todas e, em particular, as superioras: vigiem as suas súditas; sejam vigilantes umas com as outras". Entre as recomendações feitas, destacam-se algumas: jamais tomar-se a liberdade de participar de casamentos, de trocar beijos ou de segurar criança de colo. Agir com modéstia, o que resultará em benefício da formação da personalidade integral. Nunca uma Irmã tome a liberdade de conversar a sós com um homem, sempre procure uma coirmã para protegê-la.

Considerando hoje essas atitudes, defino a castidade como a maior afronta à natureza humana. A abstinência e a castidade vêm a ser uma das formas de castração mais absurda a que um ser humano pode se submeter. Além de ser uma necessidade fisiológica, o sexo traz benefícios para a saúde física, emocional e mental.

É ilusão dizer que o voto de castidade protege a pessoa do desejo e da necessidade de satisfação sexual. Pela minha experiência, posso dizer que, durante o dia, até é possível desviar a atenção, trocando de assunto ou de atividade. Mas, à noite, quando a mente se ocupa com os sonhos e com as projeções, os desejos sufocados vêm à tona.

Não vivemos somente no plano intrafísico, mas também no extrafísico, logo a questão muda. Durante o sono, por meio dos sonhos e das projeções sem lucidez, muitas vezes, nos encontramos com consciências carentes dessomadas e, neste caso, o voto de castidade não protege, acontecendo as maiores orgias sexuais possíveis. Ao despertar, surgem as consequências, como culpas e frustrações.

No meu caso, além dos conflitos íntimos e da culpa, era acometida por mal-humor e por surtos depressivos, constantes na minha situação. Apesar desse sofrimento silencioso, procurava disfarçar, fingindo que estava tudo bem, negando os próprios sentimentos.

Voto de pobreza

O voto de pobreza implica no desprendimento total de todos os bens. Para a prática do cumprimento de juramento do voto de pobreza, não era suficiente entregar todo o dinheiro do seu trabalho para a superiora, mas também ser totalmente dependente quanto ao uso ou à aquisição de qualquer objeto, mesmo que este tenha sido um presente pessoal.

A Congregação Religiosa, por meio de suas constituições, exigia que os membros renunciassem aos bens patrimoniais adquiridos por herança. Além da herança ou qualquer aquisição em dinheiro, presentes e mesmo o salário, tudo era entregue na íntegra para a superiora da casa.

Com referência ao voto de pobreza, éramos ensinadas a não dar presentes materiais para ninguém, nem mesmo sendo parentes ou em ocasiões especiais, como casamentos e aniversários. Dar esmola, nem cogitar. Pedir esmola, sim, por incrível que pareça, mas eu sofri bastante com isso. Eu sentia enorme vergonha de pedir esmola, pois achava que não éramos pobres para pedir, visto que não nos faltava nada, pois todas nós trabalhávamos muito e tínhamos mesa farta.

Éramos estimuladas a tratar bem e até a fazer amizade com pessoas ricas, para solicitar doações para as quermesses ou festas escolares em prol do convento.

O pronome "eu" era excluído do diálogo; afirmações como: "nada é meu, tudo é nosso" – era uma constante. Nem mesmo os objetos de uso próprio: "nosso pente", "nossa escova", "nossa pelerine".

As consequências dessa mentalidade errônea e, por que não dizer, doentia, acompanharam-me por longo tempo, após a saída do convento.

Sentia dificuldade em receber algo de presente. Até o próprio salário, fruto do meu esforço, parecia que precisava ser dividido. Comprava remédios e roupas de inverno para as pessoas necessitadas. Caso não o fizesse, sentia culpa "por ter e não dividir". A ideia de ter que ser pobre para agradar a Deus estava arraigada em todo meu ser.

Foi aos 44 anos de idade, oito anos após deixar a vida religiosa que "caiu a ficha" de que eu teria que ter o meu "pé-de-meia" (minhas economias) e prover uma base física – casa própria. Mais difícil do que adquirir algo foi deixar de ser ingênua, "mão aberta" e de querer "salvar o mundo".

CAPÍTULO 7

ATIVIDADES E ESCOLHA DA PROFISSÃO

Divisão de classes

Dentro do convento havia duas classes: os trabalhadores braçais e os intelectuais. As freiras que se dedicavam aos trabalhos braçais e domésticos não tinham acesso ao estudo, a não ser o das leis e normas conventuais. Algumas freiras praticamente não sabiam ler. Sendo assim, não havia necessidade de contratar empregados para os trabalhos, pois os próprios membros realizavam a manutenção.

Os colégios e os internatos eram particulares e destinados às jovens da classe média e alta, em sua maioria, filhas de famílias da classe abastada: fazendeiros, comerciantes, alto escalão do governo e de funções liberais. Dessa forma, as religiosas contribuíram na manutenção do sistema capitalista mediante o ensino, esquecendo a opção pelos pobres.

Éramos treinadas a atuar nos conformes "político-ideológicos" interclassistas, ocultando os conflitos sociais para não comprometer a instituição.

As religiosas explicavam, aos menos favorecidos, que as diferenças sociais eram imutáveis e criadas por Deus. A paciência e a resignação eram os meios apontados como garantia para, a partir do sofrimento, alcançar o céu. A obediência, expressa em uma submissão passiva, resultava na venda da força de trabalho em troca da salvação eterna.

No entanto, o trabalho braçal era estigmatizado como inferior à atividade intelectual. Negava-se que o trabalho intelectual só era possível porque existiam condições materiais para realizá-los, proporcionadas pelos trabalhadores braçais. Essa forma de pensar e de agir não deixa de ser o resultado da interferência de um sistema que valoriza o *ter*, esquecendo que somos consciências em evolução, independente da classe social na qual estamos inseridos.

Juntamente com outras candidatas, eu estava entre os menos favorecidos. Por tal razão, eu buscava me esforçar ao máximo para realizar um trabalho competente e, assim, não sofrer discriminação. Afinal, se eu fosse considerada inteligente para estudar, não seria destinada ao trabalho braçal.

Assim, fui escolhida para estudar e trabalhar como professora, o que me fez sentir muito importante. Nem por isso, deixei de valorizar quem realizava as atividades de faxina, pois, sempre que possível, eu auxiliava na realização delas.

Religião e política

O período compreendido entre 1930 e 1964 foi marcado pelo gradativo aumento de movimentos sociais e de lutas pela superação do sistema capitalista e pela melhoria da infraestrutura básica de educação, saúde e transporte.

Em 1932, uma Revolução Constitucionalista forçou o governo provisório de Getúlio Vargas (1882–1954) a criar condições para um regime republicano. Em 1934 foi firmada uma Constituição, visando atender a algumas reivindicações sociais, apenas com o intuito de manter o poder hegemônico sem transformar as estruturas sociais vigentes. O ensino religioso era defendido na Carta Magna, o que permitiu à Igreja ocupar um lugar estratégico na sociedade.

Em 1935 foi fundada, pelo cardeal Leme (1882–1942), a "Ação Católica", visando formar pessoas leigas para colaborar com a missão da Igreja em todo país. Estrategicamente, a Igreja procurou envolver as elites e as classes médias e baixas por meio de grupos de "Ação Católica" em todo o País.

Em 1952 ocorreu a conferência organizada por Dom Helder Câmara (1909–1999) e outros bispos progressistas, a qual resultou na reorientação da Igreja, apontada como precursora do Concílio Vaticano II. Entre as ações inovadoras dessa conferência, cito algumas principais:

–Espaço institucional para os grupos de "Ação Católica".

–Início de um programa de alfabetização e consciência social, conhecido como "Movimento de Educação de Base".

–Incentivo à sindicalização rural e assistência rural.

–Promoção de conscientização entre as classes pobres e oferecimento de soluções.

–Plano de emergência definindo prioridades de ação, elegendo as áreas sociais e políticas como sendo prioritárias.

Surgiu, nesse momento, um apelo aos religiosos para que assumissem trabalhos de ação pastoral, além dos já efetuados nas escolas e hospitais. Esse apelo foi oficializado no Concílio Vaticano II, por meio da conclamação oficial a favor da atuação e presença dos cristãos em todos os setores da sociedade. A reação positiva, em especial por parte dos religiosos, abriu novas dimensões de atuação, sendo resposta à mística da dedicação ao próximo.

As instituições religiosas haviam sofrido o impacto de mudanças, provocadas pelo modelo desenvolvimentista, ocupando lugar de excelência na área da educação, onde atuavam com legitimidade, com sua visão sacralizada do mundo e da vida.

Entretanto, na atual conjuntura, a especialização técnico-científica encontrava-se defasada em sua atuação educacional. O modelo desenvolvimentista exigia mudança no sistema educacional, e as freiras não possuíam condições de atender à nova proposta. Essa situação provocou uma violenta crise, que acabou levando as profissionais da educação a frequentar estabelecimentos de ensino superior. Diga-se de passagem que, até a década de 60, somente as estrangeiras possuíam formação em curso superior. Havia pequenas exceções, em escolas nas capitais e centros maiores.

Para atender à necessidade da formação de professores, surgiram as faculdades de filosofia com o currículo voltado a esse fim. Reuniam-se elementos da Igreja e profissionais liberais para serem os professores. O curso constava de três anos de bacharelado, acrescido de mais um ano para o curso de didática, condição para o magistério. "A estrutura do pensamento escolástico perpassava as disciplinas do curso da Faculdade de Filosofia" (UCZAI, 2002, p.135).

Em 1963, passei a integrar o grupo de estudantes e candidatos à vida religiosa que atuava visando a transformação social por meio da conscientização das pessoas. Para tanto, criávamos grupos de Ação Católica em locais de trabalho, escolas, fábricas, roças e comunidades.

O método adotado nos cursos para formação em todo o país era utilizado nas chamadas "Comunidades Eclesiais de Base (CEBs)" e fundamentado na Teologia da Libertação. Tendo como principal expoente no Brasil o padre Leonardo Boff (1938–), que escreveu o livro "Igreja: Carisma e Poder". A Teologia da Libertação é um movimento que visa a interpretação do cristianismo segundo princípios de transformação social, igualdade e justiça.

Posteriormente, a Teologia da Libertação foi proibida pelo Vaticano. Em setembro de 1984, o então cardeal e prefeito da *Congregação para a Doutrina da Fé,* o alemão Joseph Ratzinger, posteriormente Papa Bento XVI, conduziu o interrogatório que culminou com a condenação de Leonardo Boff a um ano de silêncio e a proibição da Teologia da Libertação.

A metodologia da Teologia da Libertação era expressa pelo lema "Ver, Julgar e Agir", sistematizado pelo cardeal Cardijn (1882–1967), de origem belga. "Ver" significa entender o modo como a realidade funciona e dizê-la a todos. "Julgar" refere-se à compreensão das causas e consequências das desigualdades sociais na vida dos indivíduos. Por fim, "Agir" é empreender ações concretas para a transformação social.

As CEBs desempenhavam importante papel na concretização dos princípios da Teologia da Libertação. Tratavam-se de pequenos grupos, rurais ou urbanos, reunidos em torno de uma paróquia ou capela por iniciativa de leigos, padres ou bispos.

As primeiras CEBs foram criadas no início da década de 1960, na Arquidiocese de Natal, denominada Nísia Floresta, e em Volta Redonda. De caráter religioso, e podendo ter de 10 a 100 membros, concretizavam os princípios da Teologia da Libertação. Tratava-se de comunidades, reunidas em torno de uma igreja ou paróquia, que se uniam para debater a Bíblia relacionando-a com problemáticas políticas, econômicas, culturais e sociais, tendo como objetivo a transformação e a construção de uma sociedade mais justa e igualitária.

Outras opções e atividades

O novo contexto, da década de 1960, proporcionou chances maiores de atuação nas instituições religiosas. Além da atuação em escolas particulares, surgiram oportunidades para realizar trabalhos na paróquia em diversas atividades. Surgiram as pequenas comunidades nas periferias, proporcionando maior aproximação com o povo necessitado. A atuação nas celebrações, envolvendo leigos na liturgia, facilitou muito a participação. A permissão do uso da Bíblia que, até o momento, era somente privilégio do padre, tornou-se um grande auxílio para melhor compreensão da liturgia.

Entretanto, o golpe militar, no ano de 1964, reprimiu boa parte da ação social. As Comunidades Eclesiais de Base continuaram atuando, embora sob vigilância do regime.

Na ditadura foram adotadas medidas relacionadas ao modo de entendimento do grupo vencedor quanto à maneira como deveria ser administrado um novo modelo econômico que superasse o nacional desenvolvimentismo e as políticas populistas. Tais medidas atingiram, em especial, os líderes do regime deposto: as organizações de classes que exigiam a reforma de base, o CGT (Comando Geral dos Trabalhadores), a PUA (Pacto da Unidade e Ação) e as ligas camponesas. O Governo perseguiu essas entidades para poder levar a cabo o processo de industrialização, em grande parte, baseado em baixos salários pagos aos trabalhadores.

O golpe militar de 1964 era legitimado "negativamente", em função da Segurança Nacional, com ênfase na repressão da mídia, no controle dos sindicatos e dos movimentos sociais.

Através do Ato Complementar nº 4, os vários partidos políticos foram sendo extintos, passando a haver apenas dois partidos, a ARENA e o MDB. A Aliança Renovadora Nacional (ARENA) era o partido da situação. O Movimento Democrático Brasileiro (MDB) era o partido oficial da oposição. O então presidente, General Humberto de Alencar Castelo Branco (1879–1967), criou o órgão do Serviço Nacional de Informações "SNI", em 13 de junho de 1964, com o objetivo de supervisionar e de coordenar as atividades de informações e contra-informações, no Brasil e no exterior. O idealizador do SNI foi o General Golbery do Couto e Silva (1911–1987).

A maioria das pessoas que exerciam lideranças, como no meu caso, em especial as consideradas de esquerda, era fichada no SNI, não importando a classe ou a ocupação (professores, operários e funções governamentais, entre outros). Na época, eu trabalhava com grupo de jovens, o que me fez ser fichada.

Nos anos de 1965 e 1966, tanto nos seminários, na igreja, quanto nos conventos, muitas pessoas, infelizmente, estavam a favor da ditadura e não viam o governo militar como imposição, julgando essa intervenção necessária devido ao descaminho que o governo de João Goulart (1919–1976) havia tomado. Muitos padres, bispos e superiores de congregações religiosas, alienados e ingênuos, defendiam a ditadura militar como sendo algo positivo, uma vez que livrara o país do comunismo, que estava perto de tomar o poder, como entendiam. Igualmente, muitas religiosas e superioras das congregações julgavam esses atos necessários, pois o comunismo estaria à beira de tomar conta do Brasil. Outras religiosas, que tinham certa formação, perceberam que a atitude do governo era uma estratégia camuflada de perseguição, pois quem se manifestasse contra era preso e torturado, o que foi o caso de muitos colegas. Tudo era bem camuflado, porque perseguir a Igreja, naquele tempo, significava decretar a falência de qualquer sistema, até o da ditadura militar. Toda perseguição foi feita com muita tática, com muito jeito, para que não aparecesse o conflito, que era marcante. Os militares sempre davam um jeito dissimulado e nunca declaravam uma guerra aberta, pois a Igreja era considerada uma instituição altamente influente. A ingenuidade de muitos religiosos colaborava com essa situação.

De 1967 a 1969, governou o General Costa e Silva (1899–1969), "linha dura". Durante seu mandato, o Congresso Nacional foi fechado. No dia 13 de dezembro de 1968, foi editado o Ato Institucional nº 5, decreto severo que durou até 1979. Mandatos cassados, Congresso em recesso, muitas prisões e silenciamento da oposição ao regime por meio da violência. O decreto concedeu poderes extraordinários ao Presidente da República e ao regime militar. Os opositores passaram a ser severamente punidos com tortura e banimento do território nacional.

Emílio Garrastazu Médici (1905–1985) assumiu, no ano de 1969, no lugar de Costa e Silva, que adoeceu. Seu mandato caracterizou-se pelo endurecimento político, com a implantação da censura prévia em livros e jornais. Esse foi o período em que as perseguições políticas se tornaram mais violentas. Notícias extraoficiais sobre casos de torturas nos chegavam constantemente. O Estado aperfeiçoava seus mecanismos de segurança interna e o controle sobre as universidades e escolas de 2º Grau, proibindo atividades políticas a estudantes, funcionários e professores. Nessa época, eu atuava na função de auxiliar do internato além de ser estudante.

Nessas condições políticas foi implantado o binômio segurança nacional-desenvolvimento. As políticas de exportação eram incentivadas. A propaganda e a política exaltavam o crescimento do país, com *slogans* como: *"Ninguém segura este país"*, *"Prá frente, Brasil"*. No entanto, ao final de 1973, o modelo político e econômico já estava esgotado. O chamado "milagre econômico" foi abalado pela diminuição dos lucros, a retração dos investimentos e a inflação, que repercutiu nos custos de vida. No governo seguinte, de Ernesto Geisel (1907–1996), os grupos identificados como guerrilha urbana e rural foram eliminados com a violenta mobilização de tropas.

O discurso do inimigo comunista começou a perder o significado para as categorias que haviam apoiado a ditadura militar, em vista da inflação atroz, a alta do petróleo e das taxas de juros internacionais. Foi diante desse quadro que o governo Ernesto Geisel anunciou a abertura política do regime: a distensão. A ambiguidade do regime continuou. O fechamento do Congresso por 15 dias, a "cassação de mandatos" e o "Pacote de Abril" provocaram a não aceitação dos próprios parceiros que apoiavam a ditadura militar. Esse fato fez muitos apoiadores passarem para a oposição, entre eles Magalhães Pinto (1909–1996), Severo Gomes (1924–1992) e Hugo Abreu (1916–1979).

Inicialmente, a direção da Igreja buscou apoio do regime militar. O apoio oficial do regime à Igreja foi negado, devido ao perigo da ideologia comunista dos grupos da "Ação Católica" e suas lideranças. No governo interno da Igreja havia divisão de posições quanto aos acontecimentos políticos, o que gerava jogos de poder entre os membros da Igreja, dos conventos e dos próprios governantes da nação.

Com a instauração do regime da segurança nacional em 1967, iniciou-se um período de intervenções e de choques entre a hierarquia. O maior choque ocorreu entre os que mantinham o poder, tanto religioso quanto político. Além do controle, da repressão e do domínio de todas as manifestações e atitudes já instauradas, a força tirânica de mando tornou-se incontrolável. As promessas de abertura democrática do presidente Costa e Silva foram cobradas. Os protestos contra a política educacional foram insistentes: estudantes realizando manifestações com a presença de mais de 100 mil pessoas e operários em greve eram sinais de descontentamento geral no país.

A Igreja, por sua vez, sofrendo a repressão, começou a superar, em parte, as crises internas, em especial a do clero, que discutia a renovação no que diz respeito ao celibato, à liturgia e à pastoral.

Na época, eu integrava o grupo das religiosas mais jovens, que não participavam das discussões a respeito das mudanças e das crises internas da Igreja e do convento. Nós éramos informadas de modo muito restrito a respeito das conclusões tomadas pelos superiores. O que mais me intrigava era que, tanto os políticos, quanto os religiosos lutavam apenas por interesse pelo poder, ao passo que o povo somente servia de pretexto para eles alcançarem seus objetivos.

Precisávamos ter o máximo de cautela para nunca deixar escapar qualquer ideia que pudesse comprometer a Igreja e, muito menos, o esquema político vigente.

O *Documento de Medellín,* em 1968, trouxe uma declaração oficial dos bispos latino-americanos, a favor do povo pobre e oprimido.

A opção pelos pobres levou a uma ampla reflexão sobre a atuação da Igreja e dos religiosos, os quais ocupavam diversas frentes de trabalho. Essa reflexão perpassou todas as práticas e papéis desempenhados até então, tanto em relação à educação e à saúde quanto em relação às buscas de influência nos diversos setores da sociedade.

Essa nova tendência social da Igreja, em favor dos pobres

e dos oprimidos, contribuiu, efetivamente, para a árdua tentativa de "introduzir" uma nova estrutura. Nas Comunidades Eclesiais de Base, tornava-se necessário ouvir o clamor dos menos favorecidos, viver entre eles (porém não do jeito deles) e não cruzar os braços. Era preciso não se deixar cair nas armadilhas dos ricos, que oferecem boas somas e contribuições para atrair nossa simpatia, e, dessa maneira, esquecermos os menos favorecidos, negando fatos da realidade e opressão. No entanto, as esmolas dos ricos eram muito bem-vindas para a melhoria das obras sociais de caridade.

Hoje percebo que, muitas vezes, as obras sociais e os projetos de transformação social são conduzidos de modo a favorecer uma minoria, a quem interessa que o povo seja mera massa de manobra.

Uma nova etapa – Aos 24 anos de idade

Já havia cumprido o período dos votos temporários e feito os perpétuos. Votos perpétuos são um juramento com testemunhas, mediante os quais a religiosa se consagra e se obriga em relação a Deus para a vida toda. A congregação religiosa havia aceitado o convite do Governo, cedendo algumas religiosas para trabalhar e dirigir escolas estaduais. Fui escalada, juntamente com mais colegas, para prestar o concurso público estadual. Com entusiasmo, aceitei a nova oportunidade. Empenhei-me ao máximo, estudando com afinco para as provas do concurso.

Uma vez aprovada, fui nomeada de imediato para trabalhar nas séries iniciais e no 2º Grau. Além da docência, recebi o encargo de acompanhar o centro cívico da escola. A nova experiência foi muito rica e, ao mesmo tempo, desafiadora. Até então, minha atuação havia sido junto às classes privilegiadas, e agora seria com crianças e jovens de todas as classes sociais.

Havia expectativa de ambas as partes. Os pais que não tiveram a chance de estudar em colégios particulares, considerados de nível melhor naquela época, agora teriam a oportunidade de oferecer aos filhos uma escola pública melhorada pela presença de professoras religiosas.

Nós, professoras e freiras, inseguras, na maioria antagônicas à repressão da década de 1960 a 1970, empenhamos esforços para atender às expectativas da sociedade. Eu, particularmente, comecei a me sentir mais satisfeita em poder ensinar a crianças oriundas de famílias de agricultores, pescadores e outras.

Além de encontrar crianças que relembraram as minhas raízes de filha de pequenos agricultores, tive a experiência de trabalhar tanto com crianças carentes quanto com filhos de famílias mais abastadas. Percebia que havia certo constrangimento entre as crianças pobres e as de melhores condições econômicas. Apesar das dificuldades, conseguimos realizar um bom trabalho.

Após certo período de atividades, foi melhorando o entrosamento. O contentamento se tornou visível. Os bons resultados obtidos nas atividades do Centro Cívico, formado pelos adolescentes e jovens voluntários, repercutiram de maneira positiva. Por meio de grupos de teatro, festivais da canção e grupos de dança, o Centro Cívico animava os eventos da comunidade.

No grupo docente, o resultado da participação no Centro Cívico foi visível pela constatação do bom desempenho nas salas de aula dos alunos envolvidos nas atividades extracurriculares. Várias colegas aderiram e o trabalho de equipe foi consolidado.

Cheguei à conclusão de que, mediante o uso da inteligência, da criatividade e da cooperação grupal, podemos conquistar mudanças significativas, pois me sentia contente ao descobrir que as minhas capacidades e o despertar dos trafores (traços-força) resultavam em mais confiança, alegria e atuação positiva junto às crianças.

A comunidade conventual, na qual eu estava integrada, era formada por um número reduzido de freiras. Assim, eu vivia mais feliz e satisfeita por estar longe de tantas cobranças da instituição. Mas essa situação durou somente dois anos, pois veio a notícia que ordenava a minha transferência para outra escola pública, onde teria que recomeçar tudo novamente. Foi um desafio para a minha capacidade de desprendimento e, ao mesmo tempo, uma chance para novas experiências.

Com 28 anos de idade assumi a direção de uma escola. Procurei aproveitar a oportunidade para experienciar, para ampliar a minha capacidade de coordenar e aproveitar a chance de ajudar mais gente.

Dentro do contexto controvertido em que me encontrava, estar em um cargo de chefia servia de paliativo para sobreviver à situação insegura e conflituosa devido à ditadura militar vigente. Não resta dúvida de que muitas pessoas foram auxiliadas. Mas, sem a devida maturidade, muitas vezes nos deixávamos levar pelas emoções, que atrapalhavam bastante, pelo nervosismo e pelas crises de choro, em função do que acontecia com os colegas, que sumiam de um dia para o outro, sem qualquer explicação.

O contexto nacional, em pleno período da ditadura, e o sistema educacional, sob manipulação política, constituíram um quadro da cruel realidade. No entanto, mediante muita perspicácia, flexibilidade e integração de todos, formou-se um grupo coeso de professores, funcionários, pais e representantes de alunos para trabalharmos e aprendermos, fazendo juntos.

Além das condições de trabalho conjunto, o incentivo e a qualificação dos professores estabeleceram intercâmbio de parcerias com outros estabelecimentos educativos da região. Aconteciam encontros pedagógicos para troca de experiências e estudos.

Os jovens, mantidos pelas atitudes severas e protetoras dos pais, perceberam uma pequena mudança, o que os auxiliou no desvendar de novos horizontes, tendo em vista um novo enfoque apontado pela escola, pelos movimentos sociais, pelo Centro Cívico e pelos grêmios estudantis.

Por meio das Comunidades Eclesiais de Base, os jovens e eu, ingenuamente, passávamos a sonhar com uma nova sociedade.

Essa pequena brecha, dentro do contexto repressor da época,

permitiu um dinamismo renovador, decisivo para a atuação e tomada de posição em favor das classes populares. A conjuntura nacional e latino-americana, das décadas de 60 e 70, respirava fortemente a opressão promovida pelo golpe militar. No entanto, a necessidade de uma nova perspectiva de vida fazia também parte dessa atmosfera.

O Treinamento de Lideranças Cristãs para jovens (TLCs), movimento da Igreja fundado na década de 1960, constituído por três dias de retiro, com a proposta de transformar o jovem, com no mínimo 16 anos de idade, em líder cristão, foi o campo com o qual um grande número de adolescentes e jovens se identificou.

Outro fato histórico foi o lançamento, em 1968, do *Documento de Medellín* (conclusões da II Conferência Geral do Episcopado Latino-americano), cuja declaração oficial dos bispos latino-americanos procurou inverter o quadro de atuação adotando as *Comunidades Eclesiais de Base.*

Leonardo Boff, um teólogo de renome, representante brasileiro, já havia traçado um novo enfoque para o conteúdo teológico da *Teologia da Libertação*, a saber, opção preferencial pelos pobres. Ideias inovadoras desse segmento da Igreja trouxeram ânimo ao povo, ainda que passageiro.

Na época, surgiram os cursos de Teologia popular para treinar líderes comunitários. Na região onde eu atuava, as autoridades eclesiásticas incentivavam a espiritualidade e a luta pela libertação. Surgiram muitos livretos de canções que levaram o povo ao delírio, em especial os jovens. Don Oscar Romero (1917–1980) e outros mártires latino-americanos eram considerados os ídolos da libertação. O livro “Beber no próprio Poço”, do escritor Gustavo Gutierrez, publicado em 1975, era considerado o guia para os líderes comunitários.

As premissas baseadas nos direitos humanos desencadearam uma declaração aberta contra a ditadura e os ricos, mediante várias organizações envolvendo clero, freiras e leigos. No entanto, apesar da efervescência da Teologia da Libertação, no contexto e na conjuntura nacional, a maioria das religiosas era treinada para não entrar em assuntos da vida cotidiana ou reclamar de injustiças sociais, para não criar problemas para a congregação. Mesmo tendo uma posição íntima contrária, acontecia o silêncio e a retração. Só quem experienciou essa realidade sabe o quanto era difícil a permanência nesse contexto. Além da situação conventual, ainda havia a censura política. Os mecanismos de segurança nacional e o controle interno sobre as escolas, proibindo atividades de estudantes, professores e funcionários, praticamente congelavam toda a capacidade de ação.

Durante essa fase, os professores, em especial os que ocupavam cargos de confiança, no meu caso de diretora, eram vigiados constantemente. A censura prévia de livros didáticos e o próprio conteúdo das aulas e das reuniões pedagógicas eram acompanhadas pelo sistema político vigente. Nós nos considerávamos privilegiadas candidatas ao martírio e à santidade. Essa era uma das ideias, intoxicantes e ingênuas, de que, com o martírio de algumas pessoas, resolveriam-se os problemas das classes menos favorecidas, exaltadas pela Teologia da Libertação nos meios populares.

O novo jeito de exaltar e ancorar as imaginárias virtudes dos pobres os colocava como sendo os "bons" em contraponto aos ricos, contra os quais se incentivava a luta, que seriam os "maus". Todo esse contexto não deixa de ser, até hoje, uma reprodução de uma constante desavença entre o "bem" e o "mal", baseada em uma visão maniqueísta.

Naquela época de *endurecimento* e de muitas prisões, de medo e de silêncio, era de praxe ver elementos estranhos sentados na sala de aula para observar e pesquisar intenções ideológicas de professores e alunos. Eram membros do Departamento de Ordem Política e Social (DOPS), cujo objetivo era controlar e reprimir.

Para quem exercia cargo de confiança, como direção de escola, surgiam situações em que éramos colocados em grandes dificuldades. Por exemplo: alguém superior da hierarquia do sistema educacional surgir e exigir informações confidenciais a respeito de funcionários e de profissionais da escola.

Certo dia, apareceu um delegado de ensino trazendo um documento confidencial contendo falsos dados, incriminando uma professora da escola, sob a acusação de atitudes imorais (o que era de praxe, não explicitando se o incriminado ou acusado era da esquerda). O portador desse documento tentou me forçar a assinar as informações; apesar de eu argumentar o contrário, não houve consenso quanto ao assunto. Neguei-me categoricamente a assinar aquele documento. As consequências de minha atitude foram consideradas rebeldia própria da esquerda, causando a minha demissão do cargo de direção da escola.

Continuei trabalhando na mesma escola por mais um ano. No ano seguinte fui transferida para outra localidade, onde segui lecionando. Relembrando esse episódio, vêm à memória minhas reações diante desses fatos. Sentia-me paralisada, inconformada, injustiçada e incapaz de entender o porquê do acontecido.

Percebe-se certa ambiguidade na minha maneira de agir e sentir. Apesar da satisfação que o trabalho de ajuda às pessoas me proporcionava, o reconhecimento das oportunidades do cargo de direção era mais relevante.

Nós, professores, tínhamos que obedecer e seguir as imposições do sistema político vigente, caso contrário, estávamos sujeitos a ser transferidos e / ou até presos. No meu caso, continuei lecionando após uma severa advertência e a proibição de entrar em contato ou de me comunicar com os pais e alunos fora da sala de aula. Além disso, todo o conteúdo devia ser mostrado diariamente para a direção de confiança do governo. Tal fato não se restringia somente a mim, mas também a muitos outros colegas professores.

Avaliando essa trajetória, percebo que, ingenuamente, o grupo no qual estava se colocou como salvador do povo pobre, enfrentando o sistema político vigente sem medir as consequências e sem o conhecimento das verdadeiras intenções que estavam por trás deste sistema.

O que importa registrar é que esse episódio também auxiliou para que eu percebesse que havia realmente algo muito errado com a minha escolha, e que eu teria que tomar uma nova decisão para a minha vida. A partir daí, comecei a amadurecer a ideia de deixar a vida religiosa.

Saída do convento aos 36 anos de idade – Autodiscernimentologia

Com o passar do tempo, e a repressão interna e externa, o tédio e a angústia aumentaram. Os anseios iniciais já não existiam nem mesmo na escola. Comecei a analisar a minha caminhada e constatei que, desde a pré-adolescência havia me empenhado em cumprir as normas do convento. Exigências que, muitas vezes, eu considerava difíceis e inúteis e, mesmo assim, cumpria para conquistar a benevolência divina.

Passei por várias experiências, entre as quais, algumas me auxiliaram, em especial a chance de estudar, exercer lideranças e a função do magistério nas escolas públicas. Os contatos com os jovens e com o povo me deram a oportunidade de adquirir nova visão da vida fora do convento, demonstrando que o mundo não era só tentação e maldade, mas havia chances de salvação fora da vida religiosa.

Somando esses argumentos à angústia existencial, acrescido da saúde abalada, intensifiquei a ideia de me desligar do convento. Considerando as vantagens e desvantagens, cheguei à conclusão de que era preciso coragem e desapego para reiniciar a vida de outra forma.

De um lado, a instituição Igreja, o convento usando a força de trabalho e a inteligência a favor de seus interesses. Por outro lado, o governo, exigindo que o funcionário se filiasse ao partido político no poder, tolhendo a liberdade de pensar e de agir. A única opção que nos restava era permanecermos caladas seguindo ordens para não sofrer perseguições.

Durante um curso com o tema "Teoria da Organização Humana", ministrado pelo professor Valdemar de Gregori, sociólogo que nos levou a refletir sobre autoconhecimento, autoestima, convivência humana e o porquê da existência neste planeta, cheguei à conclusão de que não eram nem a instituição nem o governo, as causas da minha insatisfação íntima, mas a questão era consequência de escolhas erradas, pois a perfeição a qual eu aspirava cada vez se tornava mais distante.

Durante a terceira noite do curso, tive uma projeção semilúcida. O encontro com um grupo aparentemente familiar, mas com alguns pontos importantes a considerar. Eu me encontrava diante de um portal que se abriu para eu passar e, logo após, se fechou ruidosamente. Segui em frente e entrei em um ambiente amplo, onde havia um grupo reunido estudando sobre o assunto consciência. Escutei, então, uma voz chamar meu nome e dizer: "é preciso vencer suas carências, ter respeito e amor sincero a você e a todos; ter coragem de sair do convento para ser feliz".

Acordei com as imagens nítidas e a mensagem que mexeu muito comigo. Essa experiência serviu para me convencer de que quem comanda a minha vida sou eu, e é preciso saber o que eu quero fazer da minha existência.

Outro acontecimento, que considero auxílio de amparador (consciência extrafísica que ajuda uma ou mais consciências intrafísicas a evoluírem e a realizarem tarefas assistenciais), ocorreu no final do retiro, em fevereiro de 1977. Após sete dias de rezas, conferências e silêncio rigoroso, costumava-se fazer a hora de adoração ao *Santíssimo Sacramento*. Ajoelhei-me no último banco da ornamentada capela, onde estávamos em grande número de religiosas. Olhando aquele grupo, todas vestidas de preto, fui tomada de um pavor, um sufoco repentino que mal pude suportar. Tive a nítida sensação de que estava no momento de me demitir do convento, antes que eu morresse ali. Criei coragem e tomei a decisão de sair definitivamente da vida religiosa.

Levei vários meses para avaliar e planejar minha saída. Não comentei nada com ninguém a respeito de minha decisão. Intensifiquei meu esforço para realizar o melhor possível as minhas responsabilidades conventuais e as tarefas profissionais. Tornei-me reflexiva, ponderando e avaliando tudo. Agi com o máximo cuidado e fraternidade, procurando deixar tudo muito bem amparado ao deixar o convento. Sentia-me bem comigo mesma por ter tido a coragem de tomar a decisão. Apliquei uma técnica simples para poder tomar a decisão de sair ou não do convento.

Listei os prós e os contras de permanecer ou sair de uma vivência de vinte e três anos, junto ao mesmo grupo e sistema de vida.

Entre os pontos positivos da convivência conventual destaquei:

1. O espírito cooperativo na realização das tarefas e a relativa amizade na convivência diária;
2. A organização e o aproveitamento máximo do tempo;
3. Altruísmo e disciplina;
4. Boa formação profissional;
5. O grande número de pessoas bem intencionadas;
6. Auxílio mútuo.

Entre os pontos negativos destaquei, na época, os seguintes:

01. Atitude servil a uma entidade. Resultado de um trabalho pedagógico, sutil, realizado ao longo dos anos em formação, resultando em um verdadeiro casamento com um esposo divino, representado pela *santa mãe Igreja,* que se tornava fria e sem piedade na aplicação de sua doutrina. Obrigava todos a seguir as

regras, sob pena de incidir em pecado mortal e sofrer o castigo divino;

02. As penitências, os sacrifícios e o sofrimento eram as únicas formas de agradar a Deus;
03. A negação da própria valorização;
04. A falsidade e a autocorrupção;
05. A opressão e a tortura emocional e consciencial;
06. Dependência total aos superiores;
07. Insegurança e falta de oportunidade e chance para expressar opiniões e decisões próprias;
08. O mundo apontado como o *antro de perdição* e dos poderes do mal;
09. Ter que ser santa e perfeita, mesmo percebendo ser isso impossível;
10. Só quem seguia a Deus no convento teria a certeza da salvação eterna;
11. Sérios problemas de saúde;
12. Sexualidade reprimida e castigos físicos;
13. Repressão dos sentimentos;
14. Doutrinação;
15. Falta de liberdade de opiniões;
16. Desrespeito à individualidade;
17. Uma permanente tristeza e insatisfação.

Além desses pontos negativos, somava-se o medo do inferno sem a mínima chance de mudanças significativas.

Nesse mesmo final de ano, criei coragem e solicitei afastamento do convento pela demissão dos votos perpétuos. Após muita insistência, a madre superiora aceitou a minha carta de demissão. Os motivos alegados foram: incapacidade de continuar cumprindo os compromissos religiosos assumidos, por falta de motivação e insatisfação interna; e percepção de que havia algo maior a ser realizado na vida, como pessoa humana, o que eu não estava encontrando dentro dos muros do convento.

Comuniquei minha decisão à família.

Após dois meses de espera, recebi a carta resposta do Papa. Sendo eu irmã professa de votos perpétuos, somente a autoridade máxima da Igreja poderia me liberar desse juramento. Esse documento me autorizou a voltar ao *mundo secular* (mundo não religioso), sem vínculos a uma instituição católica.

Imediatamente foram tomadas todas as providências e a liberação para que eu saísse o quanto antes do convívio religioso. Recebi somente uma pequena mala com o mínimo de roupas e o dinheiro necessário para o pagamento da passagem de retorno à casa paterna. Literalmente, saí livre de pertences materiais, somente o mínimo do mínimo necessário.

Não posso negar que foi difícil deixar as amigas e companheiras de longa vivência, com as quais havia tentado mudar a forma de vida religiosa e os costumes. Os objetos de disciplina, como o cilício, já haviam sido abolidos. Foi garantida a liberdade de, em certas ocasiões, tirar o véu e as meias, o que se deu por intermédio das reivindicações conjuntas de um grupo de irmãs. No entanto, isso para mim ainda era pouco. Nesse processo, foi muito boa a companhia das colegas que, direta ou indiretamente, auxiliaram-me durante o período no qual convivemos juntas, tanto nos momentos alegres quanto nas horas de angústia e tristeza. "Nossos acertos e nossos erros nos unem sempre, em qualquer momento evolutivo" (VIEIRA, 2012, p. 98).

Cheguei à conclusão de que lá não era mais o meu lugar e que havia algo a mais esperando por mim. Considerei que havia feito o máximo de esforço para seguir as normas e cumprir todos os meus deveres de religiosa. Compreendi que o problema não era os outros e que as escolhas e buscas pessoais erradas causaram transtornos e sofrimentos físicos e emocionais desnecessários para meu crescimento e convivência social. Tomei a decisão íntima de sair definitivamente da vida religiosa e me propus a jamais realizar qualquer juramento, pois havia abjurado dos votos religiosos.

Após o último café da manhã no convento, tomei a palavra e agradeci a todas, enfatizando que a decisão de sair do convento era minha e para ninguém se culpar por isso. Pedi perdão a todas, desejando o melhor para cada uma das colegas coirmãs. Na portaria, entreguei o hábito, o rosário, a cruz e o anel de prata e vesti a roupa mundana.

A porta do convento abriu-se e saí. No momento em que a pesada porta de ferro fechou-se atrás de mim, tive a nítida sensação de estar saindo de um local onde já havia vivido por muitos séculos. Foi um momento retrocognitivo. Esse fato se confirmou por meio de sonhos, em que eu atuava em claustros como monja em outras épocas. À medida que ia me afastando, fui sentindo um grande alívio e a vontade de gritar o meu sentimento de liberdade para que todos ouvissem. Era indescritível a certeza de que a tomada de decisão estava correta. Procurei estar atenta à minha voz interior.

Durante as quinze horas de viagem de trem retornando à casa paterna, os fatos vividos passavam como se fossem um filme em meus pensamentos.

Percebi que a determinação e o livre-arbítrio me levaram a tomar decisões desde cedo. Relembrei a saída da casa paterna, aos 12 anos de idade, com o incentivo e o apoio da família. Naquele instante, a decisão era de minha inteira responsabilidade, sem interferência de outros, nem da própria família.

Revendo a trajetória, desde a entrada no convento até a saída, decidi explorar ao máximo as lições e os resultados que obtive, por meio dos muitos erros e acertos. Vivenciei o que Balona (2003) denomina de "reconciliação". A maturidade consciencial e a compreensão cosmoética permitiram-me tomar atitudes de perdão a todos com os quais convivi.

As tristezas, a culpa e os desequilíbrios emocionais deixaram sinais de frustração face ao desvio da programação existencial. Esses desequilíbrios se manifestaram pelos processos fisiológicos de doenças, sendo algumas de fundo emocional, por exemplo: problemas de baço, pâncreas, garganta e amígdalas e os chacras esplênico e laringo bloqueados.

Sabedora de que, a partir do momento da saída do convento, a única responsável por mim seria eu mesma, tomei a decisão de conduzir a minha vida, não permitindo ser a infeliz coitadinha que havia deixado a juventude para trás. Ninguém melhor do que eu para pagar o ônus do passado, sem imposições, sofrimentos e vitimizações.

A ideia inicial de voltar, por algum tempo, à casa dos pais, foi descartada pela decepção deles em receber uma filha ex-freira, o que, na época, provocava certo constrangimento à família e, porque não dizer, à comunidade. Mas, como no momento eu não tinha para onde ir, tive que permanecer com eles.

Aproximando-me mais dos meus pais e dos meus irmãos, comecei a compreender que, realmente, a minha presença junto a eles causava certo desconforto, pois faziam questão de que eu não saísse de casa com eles.

Uma vez que eu havia saído do convento, apenas com o dinheiro da passagem, obriguei-me a permanecer por um curto espaço de tempo, a fim de obter recursos financeiros e seguir o meu rumo. Trabalhei durante um mês na roça com eles, auxiliando-os na colheita do alho e da batatinha. Meu irmão pagou-me o suficiente para que eu conseguisse chegar à cidade, onde planejava trabalhar e viver.

Parti, mais uma vez. Agradeci a meus pais e irmãos, explicando-lhes que eu entendia a situação desconfortável em que os havia colocado devido a minha saída do convento. Ofereci minha ajuda e apoio, prometendo retribuir mais tarde tudo o que financeiramente haviam investido para minha formação.

No momento em que saía novamente da casa paterna, percebi que aquele auxílio dos companheiros invisíveis do tempo de criança havia retornado. Senti-me amparada e protegida, apesar de ainda estar insegura perante as perspectivas da nova situação, pois a vida anterior no convento proporcionava segurança, conforto e despreocupação com a sobrevivência e com o próprio futuro.

PARTE 3

FASE DA RECOMPOSIÇÃO

36 AOS 54 ANOS DE IDADE

CAPÍTULO 8

LIVRE, COM MÚLTIPLAS ESCOLHAS

Nova vida, novas escolhas e vivências

Mais uma vez, eu me direcionava em busca da autorrealização. Apesar de muitas dificuldades, alimentava uma grande força de vontade de acertar e, ao mesmo tempo, de ajudar o próximo.

Sentia-me bem pela coragem em ter optado por mudar. A certeza de estar no caminho certo me animava, mas ainda sentia um vazio existencial. Encarei com muita responsabilidade a nova opção, em especial diante de minha família, que estava decepcionada e havia perdido a confiança em mim.

Era comum, naquela época, a ex-freira ser considerada uma mulher perdida, uma desviada. Resolvi reverter essa ideia. *Arregacei as mangas,* ergui a cabeça e parti para uma cidade onde ninguém me conhecia. Chegando lá eu procurei ex-alunas que me acolheram até eu conseguir um local definitivo para morar.

Após alguns dias, já havia conseguido vaga para trabalhar com Pedagogia e Ciências Humanas em uma Escola Estadual e também um local para morar. Optei por trabalhar somente 20 horas semanais para, no restante do tempo, realizar um trabalho voluntário.

Entrosei-me com facilidade no ambiente de trabalho, fazendo amizades com colegas e alunos. Um fato a chamar a atenção foi que, apesar de eu não revelar ter sido freira, muitos me chamavam de Irmã. Hoje, vejo esse fato como demonstração de que, em minha psicosfera, a imagem de religiosa não havia se desfeito.

Não era apenas a energia, mas o jeito macio e artificial de falar e de andar, bem característicos de pessoa religiosa. Não teria sido por eu ter saído do convento que eu deixaria de ser freira. Foi preciso um grande trabalho existencial para que eu assumisse a minha identidade de *mulher leiga,* não mais religiosa e, diga-se de passagem, uma *mulher normal.* Foi um grupo de estudantes, com o qual dividi o valor do aluguel da moradia que me auxiliou na escolha das roupas e me orientou a me portar igual a uma mulher não-religiosa. Até então, o jeito de me vestir era para descaracterizar a feminilidade. Foi preciso um bom tempo para eu me sentir bem e segura usando roupas coloridas e mais femininas. À medida que a mudança interna acontecia, o exterior também se modificava.

Trabalho na favela

Conheci um grupo de estagiários da universidade que tinha a intenção de formar uma ONG para realizar trabalho voluntário na favela. Integrei o grupo para reforçar a ideia de criar uma creche para crianças carentes, onde atuaríamos em conjunto com profissionais das áreas de saúde e educação.

A tarefa que me foi atribuída era a de visitar todos os moradores, fazendo um levantamento das suas condições de vida. Entre as questões apresentadas constavam as seguintes: o motivo da mudança para a favela, o local de origem, as condições de emprego, o grau de formação e os maiores anseios.

Foi surpreendente o resultado da enquete: 90% dos moradores da favela eram originários da zona rural e era grande o número de analfabetos entre eles.

O que motivou a maioria a abandonar a roça e migrar para a cidade? Foi a incapacidade de atender às exigências da modernização da propriedade. Não tendo condições econômicas, sujeitaram-se a vender suas pequenas propriedades e mudaram-se para as periferias das grandes cidades com a expectativa de conseguir um trabalho.

O processo modernizador que provocou esse êxodo rural acentuou-se a partir de 1950, chegando ao auge no início dos anos de 1970 e, a partir daí, não parou mais. O advento do processo denominado *modernização agrícola* desencadeou uma crise na economia camponesa. As linhas de créditos bancários tornaram-se acessíveis aos pequenos produtores rurais, coincidindo com uma série de estímulos à melhoria dos equipamentos e técnicas de produção com a utilização de sementes selecionadas, bem como com a aplicação de insumos industrializados. Além disso, foi incentivada a mecanização e o uso de alimentos industrializados na criação dos animais.

Incentivados pela modernização agrícola, os colonos recorriam ao financiamento bancário. Inicialmente, os juros baixos eram atraentes. No entanto, a esses estímulos correspondia um significativo aumento de exigências de qualidade dos produtos. As tradicionais formas de produção se tornaram inviáveis. Os custos da produção de alimentos aumentaram exageradamente. No momento da venda do fruto do trabalho dos produtores, os preços dos produtos decaíram.

Os agricultores que recorreram aos empréstimos bancários passaram a ter grande dificuldade para saldar as dívidas, sendo que muitos foram obrigados a se desfazer de bens e até da própria terra. Houve situações em que as propriedades foram leiloadas por falta de pagamento dos seus financiamentos.

O resultado da frustração de muitos camponeses foi a migração para a cidade. Os camponeses foram forçados a abandonar tudo e a buscar uma nova vida.

Aos jovens, a mudança oportunizou novas chances para estudar e conquistar um emprego. Para os adultos, que em sua caminhada histórica eram acostumados a trabalhar na roça, foi difícil encontrar trabalho. Alguns se empregaram na construção civil, porém, dentro de pouco tempo, as vagas se esgotaram.

Revendo a situação dos agricultores, que se sujeitavam a mudar de lugar e deixar para trás tudo que tinham, por motivos alheios às suas vontades, por não conseguirem pagar seus empréstimos bancários e terem seus bens apropriados pelas instituições financeiras, refleti que eu havia saído de casa por livre vontade, o que não acontecera com eles. Mudei muitas vezes de local de moradia e de trabalho, mas pouca mudança ocorreu no meu jeito de pensar. Essa é uma prova de que mudar-se fisicamente, externamente, em nada contribui se não houver, concomitantemente, mudança interior.

Toda mudança deve proporcionar uma renovação íntima. Hoje percebo que minha reciclagem teve início a partir do momento em que comecei a me questionar e a refletir sobre o porquê de eu sentir tanta necessidade de mudança.

O que eu queria mudar?

Onde eu queria chegar com essas mudanças?

Essas interrogações me auxiliaram a encontrar pequenos sinais da verdadeira rota da minha existência. Fui percebendo que a mudança acontecia à medida que eu buscava o autoconhecimento e a compreensão de que não eram os lugares e as pessoas que seriam a causa da minha não-realização. Eu me preocupava mais em aliviar as dificuldades dos outros, deixando de lado a priorização das minhas necessidades. Esse despertar para as necessidades pessoais e para os verdadeiros valores me proporcionou melhores condições de assistir e aliviar as necessidades alheias. Só se dá o que se tem, e se eu não estivesse inteira e equilibrada, eu ofereceria o quê?

Uma das atividades inovadoras que a ONG, denominada "Alfa Gente", se propôs a realizar foi a alfabetização de adultos, uma vez que muitos dos moradores da favela em que atuávamos não sabiam ler e escrever. Para realizar esse trabalho foi necessário muito estudo e pesquisa. Entrosei-me nessa atividade, juntamente com mais dois estagiários da área da educação, estudantes da Universidade Federal de Santa Catarina, buscando no método Paulo

Freire a inspiração e o apoio para essa nova empreitada. O método usado, originário das vivências do dia a dia, promovia autonomia e criatividade baseadas na análise crítica da realidade em vigência. Nossa ONG trabalhava segundo os princípios do educador brasileiro Paulo Freire (1921–1997). Em consonância com as ideias do autor, nos guiávamos pelo princípio de que professor e aluno se educam mutuamente, sendo que não existe a dicotomia "educador" e "educando", mas apenas "educadores-educandos" que se educam em comunhão.

Essa premissa nos auxiliou a compreender que somos todos significativamente conectados e que criamos vínculos a partir da vida, das ideias e das necessidades.

Dentro desse contexto, a educação que realizamos foi a partir do diálogo, não apenas como uma estratégia de ensino, mas enquanto razão de ser da ação de ensinar e aprender. Nessa perspectiva, buscamos a dimensão dialógica do aprendizado. A compreensão do processo coletivo de ação e reflexão conjunta sobre os condicionamentos sociais e a problematização da vida, visando a superação da alienação, foi o que deu sentido aos conteúdos e à nova forma de pensar e agir, tornando a ação educativa um processo profundamente político.

Das histórias de cada alfabetizando foram surgindo, por meio do diálogo, os significados e o sentido dos acontecimentos que marcaram suas vivências. Para a educação nos termos de Paulo Freire, faz-se necessário o exercício do respeito pelo outro quanto à sua identidade, condição social e capacidade crítica.

Foi nesse contexto que nós, educadores e educandos, tivemos um papel importante referente ao aprendizado da palavra, da leitura e da escrita. Tornamo-nos sujeitos aprendizes, pois ensinávamos *o já conhecido* e aprendíamos o *ainda não conhecido;* tendo em vista que, muitas vezes, o aluno já conhecia mais do que aquilo que queríamos ensinar.

O objetivo da educação para Paulo Freire é a transformação social. Apenas aos oprimidos, vitimados pela sociedade de classes, interessaria a transformação social e o fim da sociedade de classes.

No processo de ensino e aprendizagem, o aluno é visto tal qual um companheiro, alguém que partilha experiências e saberes e traz o material para o início do aprendizado das letras.

Sentados, voluntários e alunos, em torno da mesa, iam colocando as suas preocupações e anseios. Não foi fácil, pois vinham pessoas de diferentes idades: rapazes e moças, mulheres e homens, e de lugares diversos, trazendo um desejo comum: aprender a ler e a escrever. Muitos acostumados somente com o trabalho do cabo da enxada, da vassoura, do pano de chão e das panelas.

Inicialmente foi difícil perceber a dureza da situação em que se encontravam essas pessoas e não demonstrar revolta. A solução era descobrir um novo significado, não compactuar, e, sim, reinventar uma nova visão da vida diante da realidade desnuda de cada um. Pensar certo, agir e lutar contra a exclusão, possibilitando a construção de uma vida digna e justa se tornou a meta de cada aprendiz e educador, pois ninguém muda ninguém se o próprio não quiser mudar.

Esse novo jeito de educar trouxe muita inquietação, em especial porque algumas vezes, eu me percebia ainda manipulando as pessoas, alimentando suas emoções e, em consequência, impedindo o seu crescimento individual.

A visão enrijecida e contraditória de que "quem estudou é quem sabe", que eu havia vivenciado em vários anos de magistério, estava se desmoronando, obrigando-me a um despojamento total. Concluí que, em muitas situações, transformava os outros sujeitos em puros objetos receptores de informações livrescas e abstratas, obstruindo, alienando, mistificando e muitas vezes caindo em uma ingênua atitude de enfrentamento do aluno. Falsamente, acreditei que a ação de ensinar e alfabetizar era um caminho suficiente para a libertação. Foi uma ajuda, mas faltava a oportunidade de cada aprendiz desenvolver, em prol de si próprio, a autossuperação. Na verdade, era o que eu mesma estava buscando. Tal ação implicaria em pensar *com,* pensar a real situação de cada educando. Só assim ele se tornaria um agente ativo e participante, deixando de ser mero depósito de conteúdos domesticadores (FREIRE, 1980).

Uma coisa é falar como quem só fala pensando que sabe tudo, dizendo o que pensa que sabe, só para as outras pessoas ouvirem e pensarem que aprendem. A experiência de saber falar ouvindo os outros, como quem aprende primeiro, antes de dizer o que sabe, antes de ensinar, foi um dos grandes aprendizados que obtive com o acesso à pedagogia freiriana.

Percebi que o aprender a ler e a ouvir o outro contar a sua visão do mundo em que vive, vai-nos aproximando e nos tornando mais íntimos, desfazendo medos e temores.

Na verdade, as experiências que cada um relatava eram os conhecimentos que haviam adquirido sem terem ido à escola, fruto da convivência com animais, com plantas e com os próprios acontecimentos, isto é, o contexto do que passaram ou estavam passando. O trabalho educativo é de criação, não só de quem ensina, mas também de quem aprende, se identifica e motiva a querer aprender algo novo.

Para quebrar o esquema tradicional, nós, voluntários, dávamos pouca importância inicial ao abecedário. O aluno participava do processo de aprendizagem. O trabalho inicial foi a descoberta do universo vocabular do aprendiz, ou seja, das suas ideias e palavras próprias. Em conversas informais, em torno da mesa, surgiram perguntas e respostas relativas às motivações que levaram o educando a buscar a alfabetização.

As aulas ocorriam por meio de debates. Ao iniciar o processo de aprendizagem, os alunos falavam sobre os motivos que os levaram a voltar a estudar. O professor atentamente observava e anotava os temas sobre os quais os alunos debatiam: convivência, saúde, sexualidade, vida familiar, crenças, morte, trabalho, mudanças de lugar, de amigos e as dificuldades enfrentadas.

A partir da palavra *geradora*, ou seja, a palavra escolhida em razão de seu significado e interesse central para os participantes, realizávamos debates sobre as pessoas e locais dos alunos, que forneciam elementos para a análise dos problemas, vivenciados no cotidiano e sobre como superá-los.

O seguinte passo que tomamos foi a organização do fichário com as palavras geradoras e suas famílias silábicas. Com esse material em mãos, iniciamos a apresentação, primeiro da palavra e do objeto que ela representava e, depois, só da palavra, que era representada junto às suas sílabas, decompostas em famílias. Por exemplo, a palavra "arado" era apresentada ao lado do desenho de um arado e, depois, das sílabas ra, re, ri, ro, ru e da, de, di, do, du. A palavra trabalhada era retirada dos debates com os alunos, passando a pertencer ao "universo vocabular" dos mesmos.

Ainda recordo hoje a palavra "comunidade" que iniciou a partir do debate sobre um local para viver. Abrimos espaço para um longo debate no qual avaliamos todos os aspectos da ideia da comunidade. A seguir, trabalhamos a decomposição da palavra "comunidade" em sílabas, fazendo o reconhecimento das consoantes e das vogais.

Co-mu-ni-da-de.

Unindo as sílabas, cada aprendiz ía formando palavras, usando sua capacidade criativa. Da palavra "comunidade" surgiam as palavras: comida, cama, caco, cedo, mudo, cuca, dedo, muda, medo, cidade e camada.

Após alguns encontros, os alfabetizandos se tornaram mais confiantes pela experiência da descoberta do mecanismo das combinações silábicas relacionadas com situações já conhecidas em seu dia a dia.

O trabalho se desenvolveu de maneira gradativa, auxiliando o aluno na descrição da realidade, no questionamento e na descoberta das potencialidades e dos desejos escondidos que poderiam trazer a verdadeira mudança. Foi um ultrapassar de situações conhecidas do presente e uma percepção de que estas situações lhes eram apresentadas de maneiras diversas. Mediante a participação ativa no processo criativo e na elaboração de situações e debates, o aluno foi tornando-se mais livre e crítico na compreensão e na inserção no meio social em que estava vivendo.

A aprendizagem foi acontecendo com relativa rapidez. Em 60 dias, o alfabetizando já possuía condições de adquirir noções básicas da escrita e leitura.

Ao avaliar o trabalho junto à equipe, cheguei à conclusão de que eu sabia muito pouco sobre educação, o que causou um relativo mal-estar, mas ao mesmo tempo me convenci de que era preciso aprofundar os conhecimentos a respeito da pessoa humana. Esta reflexão me levou a uma crise de crescimento que, com certeza, alavancou a busca de novos caminhos com o intuito de resolver os meus conflitos internos, em especial, em relação ao querer resolver os problemas dos outros e não querer assumir as minhas próprias lacunas e deficiências.

Percebi que, apesar de todo esforço, muitas vezes estava travando o crescimento das pessoas, passando a mão em suas cabeças por meio da consolação, ao invés de esclarecê-las para que buscassem descobrir as causas pelas quais estavam enfrentando tais situações. Sem perceber, estava agindo como se ainda fosse uma freira.

Ao adquirir visão mais ampla a respeito da consciência humana mediante o conhecimento e os estudos da Conscienciologia, descobri que empreguei muito tempo e esforço impondo conceitos e opiniões estáticas, sem conhecer outra maneira de orientar e ajudar as pessoas.

O paradigma religioso e político, que até então norteavam a minha vida, tem como enfoque central as verdades absolutas que, em hipótese alguma, admitem questionamentos e objeções. O paradigma consciencial, por sua vez, é baseado nas verdades relativas de ponta que levam as pessoas a questionar e a objetar, uma vez que estimula a autopequisa.

Militância política e participação em sindicato

Ainda durante o primeiro ano após a minha saída do convento, aos 36 anos de idade, uma colega da escola onde eu lecionava convidou-me a participar de uma reunião do Sindicato dos Profissionais da Educação Estadual em Santa Catarina. Nessa reunião estavam presentes as lideranças de várias escolas. Algumas pessoas eu já havia conhecido nos ônibus em que eu viajava para ir trabalhar.

Tive uma sensação agradável quando descobri que a maioria dos participantes militava em movimentos populares, ou seja, atuavam em organizações de bairro, de grupos de jovens estudantes, de moradores de rua, de favelados e outros. Tornara-me um elemento do grupo em potencial por preencher um dos requisitos exigidos: o de estar inserida em algum movimento popular.

Fui escolhida representante da escola em que atuava. Comecei a participar na elaboração e discussão de assuntos referentes aos direitos dos professores, às melhorias, à democratização e ao acesso à profissionalização dos trabalhadores em educação.

No início, sentia-me um tanto deslocada, pois entendia muito pouco de conjuntura nacional. O conhecimento que eu possuía era baseado na visão e nas informações do ponto de vista eclesiástico.

Surgiram grupos de estudo que, inicialmente, eram quinzenais, mas em pouco espaço de tempo tornaram-se semanais, pois o interesse das pessoas foi crescendo. Os participantes discutiam e julgavam o desempenho do professor na condição de educador e político. A educação arcaica – *saliva e giz* – tornou-se objeto de crítica, por ser uma simples transmissão e repetição dos conteúdos prontos, tornando o aluno um simples receptor.

Na interrelação professor e aluno buscava-se suplantar o autoritarismo e a submissão mediante diálogo e competente companheirismo. Outra questão, muito debatida no grupo, era a capacidade crítica diante de situações de injustiça, sem rancor e desesperança.

Percebíamos a necessidade de encontrar soluções por meio da organização de classe, com propostas de mudanças estruturais e históricas. Essas atividades tornaram-se interessantes. O grupo foi crescendo, solidificando ideias e criando novas perspectivas de classe.

Os integrantes, na sua maioria militantes marxistas, sentiam-se atraídos pelas teorias revolucionárias de Karl Marx (1818–1883). O grupo tornou-se assíduo em pesquisas e participação em palestras e cursos sobre temas sindicalistas, históricos, sociais e sobre as diversas formas de exploração da burguesia. A partir dessas pesquisas, foram elaborados seminários e cursos para interessados no assunto. Nessa atividade participei ativamente.

A análise da conjuntura nacional era efetuada com muita frequência, despertando sonhos, por vezes utópicos, de construir uma sociedade igualitária e comprometida com seres humanos integrais.

Para que essa realidade se concretizasse, era preciso unificar as diferentes expressões de organização da classe dominada. Essa seria a forma de aglutinar e transformar as energias dispersas dos trabalhadores em força alternativa.

Devido à grande maioria dos integrantes do Sindicato ser filiada ao Partido dos Trabalhadores (PT), eu decidi encarar a nova proposta. Tornei-me uma simpatizante e colaboradora. Em nenhum momento aceitei me filiar ao partido. Preferi apoiar e auxiliar de modo espontâneo. Acreditava que seria mais fácil atuar junto ao povo não estando filiada a um partido. O importante seria a divulgação das ideias socialistas junto às pessoas que conviviam comigo, em especial, aos colegas de Magistério.

Tive como referencial um jovem casal que atuava na Pastoral da Terra, junto à juventude rural, em especial. Considero-os grandes líderes, corajosos e empreendedores, voltados para a melhoria da vida do campo. Sentia-me motivada, pois tínhamos a mesma interpretação das injustiças sociais, tendo como enfoque a *Teologia da Libertação* que, na época, eu considerava o que havia de melhor no catolicismo e, hoje, vejo como uma ingênua utopia. Essa teoria era a forma avançada e erudita de um pequeno grupo da Igreja que conseguiu entusiasmar as pessoas para construir a "utópica" nova sociedade o que, na verdade, não passava de um triste engano, uma vez que a verdadeira nova sociedade acontecerá à medida que as pessoas forem adquirindo lucidez e respeitarem a liberdade e o nível evolutivo do outro. Isso jamais acontecerá por meio de religiões, misticismos, crenças ou políticas do sistema vigente.

Fomos parceiros no trabalho de conscientização, efetuado em várias localidades onde realizávamos palestras e encontros para mulheres, jovens e para o povo, em geral.

Na época, o partido não dispunha de recursos financeiros para custear as despesas, o que exigiu muita criatividade e colaboração entre os pares. Tivemos a ideia de organizar uma sala de confecções, pois a minha colega era uma exímia costureira, confeccionando trajes de alto nível. Para isso, cada um entrou com sua "força de trabalho". Uns costuravam, outros auxiliavam na montagem da sala, custeando maquinário necessário para que a empreitada fosse bem-sucedida. Essa foi mais uma das experiências de colaboração, a qual foi de encontro à ideia de colocar um representante dos trabalhadores no senado.

Outra oportunidade que surgiu com o intuito de motivar o pessoal à participação foi a experiência com famílias de pescadores.

Uma das estratégias usadas era a oferta de um curso de pintura em tecido, sendo que o material era doado pelo Sindicato dos Pescadores, o que facilitou muito o trabalho. Enquanto eu ensinava a pintar, uma aluna do magistério, que me acompanhava, lia para o grupo algo sobre os direitos dos trabalhadores. Mulheres e jovens pintavam e, também atentas, debatiam sobre os direitos do cidadão e a necessidade das mudanças sociais.

Várias senhoras e jovens desenvolveram a habilidade manual pintando toalhas de mesa, panos de prato, camisetas e outras peças de roupa. Essa atividade, além de ser prazerosa, reverteu-se em uma ótima fonte de renda. A maioria já sabia fazer crochê, o que facilitou o embelezamento desse trabalho artesanal. Além de aprenderem algo sobre seus direitos, as mulheres auxiliavam na manutenção da casa vendendo o material confeccionado, o que ajudou na melhora da convivência familiar.

Esse novo jeito de fazer política foi assumido por vários grupos e pessoas dispostas a contribuir para a revolução socialista. Eu atuava, com grande esforço, usando a teoria ligada à prática sendo um membro ativo desse *grupo de esquerda,* denominado de *Corrente Articulação* do Partido dos Trabalhadores. O Partido dos Trabalhadores (PT) foi fundado em 10 de fevereiro de 1980. Partido originalmente socialista, tornou-se o principal partido de esquerda do Brasil, chegando a eleger o presidente por três eleições consecutivas. Luiz Inácio Lula da Silva foi presidente do Brasil pelo PT de 2003 a 2011, sendo sucedido, em 2011, pela presidenta, eleita pelo PT, Dilma Rousseff. Uma vez no governo, os ideais socialistas do PT não foram concretizados. A corrente, da qual eu participava, denominada "Articulação" é uma tendência no interior do PT que, entre os anos de 1990 e 1993, foi dividida entre "Articulação Unidade na Luta" e "Articulação de Esquerda".

O deslumbramento e a sedução do holopensene político transformaram-me em uma líder de um grupo com propostas inatingíveis, naquela conjuntura, a sonhada *sociedade socialista.*

No entanto, analisando essa trajetória de atuação, vejo o quanto a ingenuidade e a falta de discernimento me tornavam uma pessoa vulnerável e sujeita a ser influenciada. Ao abraçar, bem intencionada e sem a devida criticidade, as ideias de igualdade e justiça social, tornei-me mais uma peça útil, entre outras tantas, para que alguém do grupo, com projetos egoicos, alcançasse o poder.

Por outro lado, na época, eu não percebia que essa familiaridade com o contexto político denunciava lembranças de vivências passadas, considerando que a consciência, na maioria das vezes, tem a tendência de repetir comportamentos e valores do passado. A autominese é natural. O indivíduo repete os mesmos padrões de comportamento vida após vida. Essa forma de agir surgiu em vários momentos da minha trajetória. Muitas tomadas de decisões e formas de falar deixavam transparecer atitudes que são próprias do radical militante político. Um dos trafares (traços-fardos, negativos, defeitos) marcantes da época em que eu atuava junto à política era a *síndrome do justiceiro,* ou seja, a vontade de fazer justiça aliada à falta de discernimento contextual.

Percebo, dia a dia, que o processo de mudança acontece à medida que vai ocorrendo o afastamento não só físico e mental, mas, sobretudo, o desligamento dos liames energéticos com esse ou aquele grupo.

Participação na organização do povo da roça – Agricultores, mulheres e jovens

Desfrutava de certa estabilidade quando recebi uma nova proposta de mudança. Era inverno de 1979, quando veio o convite para atuar enquanto voluntária em um programa de educação popular junto ao povo, grupos de jovens e mulheres rurais em Torres – RS.

Fiquei surpresa e, ao mesmo tempo, entusiasmada em poder experienciar mais um desafio. Sem dúvida, essa foi mais uma das oportunidades em que coloquei em cheque a real capacidade de mudança, uma vez que fazia pouco tempo que havia conseguido me estabilizar no emprego de professora na capital catarinense, no trabalho voluntário e na moradia. Procurando autossustentação, solicitei a transferência do cargo de professora para uma escola no Sul de Santa Catarina, próximo de onde iria atuar na condição de voluntária.

A partir de 1980, passei a lecionar de segunda a quinta-feira, trabalhando 15 horas diárias. O restante da semana, inclusive sábado e domingo, atuava junto às comunidades de pequenos agricultores aos pés da serra, na Roça da Estância-RS.

Desde logo, tudo em Torres captou minha atenção e meu interesse, a começar pelos agricultores, pela história de sua população e pela energia imanente e abundante daquele lugar. Torres se localiza no litoral norte do RS, entre o mar e a serra. Oferece cenários de rara beleza, com seus imponentes e majestosos morros cobertos de bananais e planícies com extensos arrozais. Pelos contornos da serra e a pujança da Mata Atlântica, serpenteiam rios formando cachoeiras, desaguando em lagoas que buscam o mar.

Torres é um dos mais antigos núcleos populacionais do litoral sul do Brasil, tendo sido seus moradores nativos os índios Arachanes e Carijós.

Em 1809, Dom Diogo Souza, 1º Capitão-Mor da Capitania de São Pedro, Rio Grande do Sul, iniciou o povoamento com a construção de um forte para abrigo de uma guarnição militar, por ser o local um ponto estratégico no controle fiscal, tanto por terra quanto por mar. O nome da cidade refere-se à existência dos três grandes rochedos que se erguem à beira mar.

Juntamente com a natureza exuberante, o município de Torres possui valiosas forças econômicas no comércio, na construção civil, no artesanato, no turismo e, em especial, na produção ecoorgânica de alimentos. Existem também muitos projetos de educação e de preservação ambiental.

A proposta da minha atuação era eu ser uma presença incentivadora e animadora junto aos camponeses que lutavam pela sobrevivência após a enchente devastadora de 1974, na qual muitos perderam as vidas, arrastados pelas águas.

Essa nova fase iniciou na noite em que desembarquei na Roça da Estância, um distrito distante 50 km de Torres.

Assim como o céu estava coalhado de estrelas piscando, a minha mente fervilhava de ideias para a realização de mais uma empreitada de vida. Estar junto aos agricultores e ajudá-los em suas organizações era minha grande meta.

Juntamente com o novo trabalho, iniciou-se um processo interior muito forte de inquietação e questionamentos, pois me sentia insegura em levar respostas para quem nem sequer conhecia, não descartando que a experiência junto aos favelados deu-me uma boa base para a nova missão.

Por que eu teria que ter respostas para perguntas ainda não formuladas? Isso denotava minha necessidade de agradar e de não poder errar.

Partindo da premissa de que não é possível ajudar ou ensinar sem aprender, a minha opção foi visitar todas as famílias. Inicialmente ia só, o que dificultou, em parte, o trabalho. Porém não demorou e surgiu a companhia de adultos e crianças, que faziam questão de acompanhar as visitas.

Nesse percurso de idas e vindas, de um morador para outro, surgiram ideias, relatos de problemas, experiências e sugestões de atividades. Eu procurava anotar tudo minuciosamente; levava comigo um pequeno gravador, pois, quando não havia como escrever, gravava as ideias mais importantes para depois transcrevê-las.

Uma das maiores preocupações, nessa etapa inicial, era fazer o povo entender que a minha presença junto a eles não significava uma solução milagrosa para todos os seus problemas, e sim a oportunidade de um grande aprendizado, tanto para todos eles quanto para mim.

Uma coisa é certa: dessa experiência aprendi a redefinir, mais uma vez, o papel de educadora, mesmo com vários cursos e diplomas. Percebi que os grupos, ainda que no seu contexto de marginalizados, indicavam para onde queriam ir, apontavam, ainda que confusamente, qual o seu objetivo de vida. O difícil foi articular mudança no modo de pensar e no conformismo em relação à crença de o poder de mudança estar fora da pessoa. A frase mais ouvida era "se tudo está desse jeito, é Deus que quer assim". Infelizmente, a maioria das pessoas coloca a solução dos problemas e a possibilidade de mudanças sob a responsabilidade de ação de um ser que julgam superior.

Torna-se muito fácil jogar a responsabilidade para fora de si. Uma pessoa que realmente entenda e se responsabilize por sua vida procura encontrar o poder dentro dela mesma. Cada ser humano tem suas qualidades para encontrar soluções para os problemas. Caso coloque o poder fora de si, estará sempre se posicionando tal qual mendigo, vivendo do que os outros fornecem e reclamando do que não recebe.

Focalizando o nosso poder nos pensamentos, nas palavras e nas ações positivas, com princípios construtivos, contribuímos para maior chance de melhoria da vida em todos os sentidos.

Havia aprendido muito no contexto social e econômico da favela, onde reuni experiências anteriores. Em Torres, constatei que vários moradores estavam em um impasse, duvidando da própria capacidade de continuar na roça após a tragédia da enchente. Acreditavam que a ida para a cidade seria a solução, pois estariam longe do problema, esquecendo-se que eles também tinham responsabilidade pelas consequências climáticas, ao devastarem a mata ciliar. Eu ficava impressionada com a derrubada das árvores, patrimônio da floresta da Mata Atlântica.

Esse mal-estar, descontentamento e procura de estabilidade, além de muita insegurança e falta de perspectivas, tornavam algumas vivências familiares conflituosas.

A sobrevivência de 95% dos habitantes de Roça da Estância girava em torno de uma terra fértil, onde se plantava banana, que era a base da economia local e o alimento de todo dia para a maioria. Uma realidade de cultivo aparentemente simples, mas que está sujeita às intempéries climáticas. Ocorre muita escassez nas temporadas de frio intenso e superprodução nos períodos de clima mais quente. Essa oscilação do produto influi consideravelmente nos preços, em especial, na época de boas safras, em que o valor da venda é mínimo. Apesar de fértil, a terra é de difícil manejo, por se localizar em encostas de morros com muitos pedregulhos.

Nos primeiros contatos que tive com o povo da Roça da Estância e arredores, o que mais me chamou a atenção foi o *calor* das relações humanas; a convivialidade e a solidariedade, características próprias de quem se conhece há muito tempo e tem como herança a luta pela sobrevivência.

Após alguns meses, iniciamos as reuniões com a comunidade, nas quais os próprios agricultores determinaram as maiores necessidades e reivindicações. Entre as propostas surgiram: a organização de grupo de jovens, o movimento da mulher da roça, a organização para filiação no Sindicato; a melhoria das estradas e da assistência médica e a qualificação da formação de professores (alguns tinham somente a 3ª série primária).

Na área da grande Torres, havia comunidades com experiência em movimento popular, o que auxiliou muito na realização das propostas elencadas pelo povo.

A juventude da roça organizou-se em grupos de estudos e animou os encontros comunitários com a promoção de atividades esportivas e de lazer. Essas ações auxiliaram na descoberta de valores, melhorando a autoestima. Muitos procuravam continuar os estudos, fazendo o curso supletivo; outros procuravam colocar, a serviço do grupo, habilidades como tocar violão, formando rodas de viola, teatro, dança e canto.

O povo sentiu mais ânimo e tornou-se mais participativo na comunidade. Surgiram cursos para lideranças, fruto dos estudos e encontros realizados que questionavam, seriamente, a pouca participação do povo nas decisões da comunidade; os movimentos sociais e a organização do sindicato; a questão de algumas pessoas da comunidade estarem bastante reclusas em suas casas, deprimidas e sem perspectivas de futuro, ainda impactadas pelas consequências das enchentes do ano de 1974.

Foi formado um pequeno grupo de liderança a partir do incentivo da Comissão Pastoral da Terra (CPT), criada durante a ditadura militar, em junho de 1975, durante o Encontro de Pastoral da Amazônia, convocado pela Conferência Nacional dos Bispos do Brasil (CNBB), e realizado em Goiânia (GO). Sua criação foi uma resposta às precárias condições de vida dos trabalhadores rurais, posseiros e peões.

No início, a CPT realizava serviço pastoral junto aos trabalhadores do campo. Embora tenha nascido ligada à Igreja Católica, a entidade adquiriu já nos seus primeiros anos um caráter ecumênico. A Igreja Católica, à época da criação da CPT, apresentava segmentos mais de esquerda e, o vínculo entre a CPT e a CNBB ajudou na manutenção dos trabalhos junto aos oprimidos.

A CPT já se envolveu com os posseiros da Amazônia, ajudou os povos atingidos pelos grandes projetos de barragens e, mais tarde, com o Movimento dos Trabalhadores Rurais Sem Terra (MST). O objetivo geral da CPT é servir à causa dos trabalhadores rurais e ajudar na organização deste segmento da sociedade. Nosso grupo de lideranças, ligado à CPT, organizou-se de modo a conquistar importantes mudanças na comunidade local.

Uma das importantes mudanças ocorridas devido à nossa organização foi a criação de um Posto de Saúde local. Nossas lideranças formaram comissões e dirigiram-se até a Secretaria Estadual da Saúde para solicitar e formalizar o pedido. A necessidade imperiosa de tal solicitação baseava-se na comprovação de que morriam crianças e adultos atingidos por gripes e infecções causadas por *bicho-de-pé,* entre outras doenças, e de que algumas mães perdiam a vida no parto.

Foram, certamente, esses acontecimentos relevantes, bem como a união coesa do povo, que levaram as autoridades a entender as necessidades primárias de saúde dessa comunidade e arredores, instalando, finalmente, um Posto de Saúde na localidade. Porém, não havia enfermeira para atender. A comunidade, por sua vez, escolheu um jovem que se prontificou a fazer o curso e treinamento de primeiros socorros no Posto de Saúde da sede do município.

Outro ponto crítico eram as estradas intransitáveis. Na maioria dos locais pertencentes à sede do 7º Distrito de Torres, no caso a Roça da Estância, só era possível chegar a cavalo, carro de boi e, na maioria dos casos, somente a pé. Houve fins de semana em que eu caminhava de 15 a 20 km a pé para acompanhar as atividades na comunidade, mesmo tendo um *Fusca* para me locomover, devido à inexistência de estradas transitáveis.

O povo aproveitava o Dia do Agricultor, dia 25 de julho, para apresentar sugestões a respeito das demandas das comunidades locais às autoridades que eram convidadas para a grande Assembleia. As propostas resultaram de um trabalho conjunto, realizado em todas as comunidades, por meio de muitas reuniões e debates. Cada comunidade tinha um coordenador e um secretário. Este anotava todas as propostas que, depois, eram reunidas com as demais, formando um resumo de todas as ideias. Era uma atividade envolvente e percebia-se que a maioria dos moradores participava com grande interesse.

O que facilitou muito o trabalho foi a presença de um padre, dinâmico e corajoso, que se posicionou a favor do povo, em busca de melhores condições de vida para a comunidade da roça em suas primeiras necessidades. Ele hoje não pertence mais ao clero. Foi um grande líder comunitário e deixou marcas positivas.

Nas caminhadas em visita às famílias, muitas vezes, fui convidada a participar de suas refeições. Eles partilhavam com carinho o feijão com farinha e a carne de porco. Era o que tinham para comer. Legumes e verduras não eram plantados e nem consumidos, porque não faziam parte de sua cultura. A partir dessa constatação, foi iniciado um trabalho com crianças. Quando eu ia almoçar em uma casa, onde havia alguma criança, eu levava sementes e, após o almoço, fazíamos as sementeiras com a promessa de meu retorno, algumas semanas depois, para construir os canteiros para o plantio das mudinhas. Os adultos eram encarregados de cercar, com taquaras, um espaço para a horta.

A experiência foi válida. Além de prazerosa para a meninada, os adultos experienciaram o resultado do trabalho.

As professoras, por sua vez, foram incentivadas a motivar as crianças para o consumo das hortaliças, além de solicitar que trouxessem algo para incrementar a sopa da merenda escolar. Essa atividade foi tão válida junto às crianças que hoje, duas décadas decorridas, muitas delas são os nossos agricultores ecologistas que sobrevivem da agricultura alternativa. Apesar de ser ainda pequeno o número daqueles que optaram por essa proposta renovadora de mudança, o trabalho de conscientização e incentivo continua por meio de seus filhos, hoje adultos.

Na época, eu incentivava ao máximo para que todos se esforçassem em conseguir melhorar a vida com saúde, conforto e bem-estar. Ainda acreditava na ideia de uma vida única e passageira, firmada no princípio de que era preciso fazer tudo neste mundo, do contrário, nunca mais teríamos outra chance para fazê-lo.

Hoje, a minha visão é a do princípio da multiexistencialidade, termo que designa a multiplicidade de vidas ou a serialidade de existências, segundo a qual a consciência já teve outras vidas antes dessa atual e continuará vivendo no futuro, ou seja, terá a oportunidade de várias vidas, e que existem muitas chances e formas de aprender e realizar.

Por esse modo de pensar, torna-se possível entender que o renascimento oferece oportunidades para diversas experiências em diferentes culturas, com pessoas, localidades, povos, sistemas de governo, classes sociais e várias etnias diferentes. Essa mudança na forma de pensar e rever as ideias a respeito da vida é fruto da autopesquisa e de estudos da Conscienciologia.

Dupla evolutiva

Aos 53 anos de idade, 1 ano antes de ter contato com as ideias da Conscienciologia, resolvi intimamente assumir um companheiro para partilhar interesses, valores, afetos, enfim, amparar e assistir um ao outro.

Já havia se passado 17 anos de minha saída do convento. Durante esse espaço de tempo, surgiram propostas, mas sempre as rejeitei porque me considerava incapaz de fazer um homem feliz e sentia muito medo de ser rejeitada. Na verdade, as consequências da negação do sexo e da afetividade durante a minha adolescência e juventude ainda mantinham cicatrizes. Entretanto, nesse momento, achei que era egoísmo não ter alguém para compartilhar e oferecer tanta coisa boa que tinha em mim.

O que me auxiliou a vencer esse preconceito foi a realização de uma terapia de grupo, no qual ocorria a entreajuda e a descoberta dos traços positivos. A partir desses encontros, organizei uma lista de trafores que eu possuía para oferecer ao meu companheiro e as qualidades que ele precisaria ter para me oferecer. Fiz uma lista bem caprichada e a entreguei ao Cosmos (fazia a leitura dessa lista todos os dias), deixei para o Cosmos resolver sem me preocupar demais e nem idealizar, pois, segundo Vieira (1997-c, p. 162): "Não existe o homem ideal. As mulheres que vivem à procura do homem ideal, sempre terminam sozinhas."

Ao abrir a janela pela manhã sempre agradecia por estar um dia mais perto de encontrar meu companheiro. Alguns meses depois, tive uma projeção na qual vi um homem alto, magro, de tez morena, que vinha ao meu encontro em um caminho em meio ao verde. Veio-me a ideia clara e precisa: *fique atenta, o seu companheiro está bem próximo de você.* Senti-me mais animada e confiante.

Aconteceu o costumeiro encontro do grupo de mulheres do qual eu fazia parte. Era a festa do Dia Internacional da Mulher, dia

8 de março de 1995, na qual os jovens e os homens companheiros participavam. Após o almoço, foi feita uma brincadeira de integração, da qual todos participaram. A única pessoa que se retraiu e não entrou na dança foi aquele senhor alto que eu havia visto na projeção. Não lembrei desse fato e fui conversar com ele. Falamos rapidamente e o convidei para buscar algumas ervas medicinais, pois havia se queixado de não conseguir dormir. Naquele dia, não *caiu a ficha*. Após o terceiro encontro é que percebi que esse poderia ser meu companheiro para formar a dupla evolutiva. Conversávamos muito, namoramos e, após cinco meses, nos propusemos a assumir a vida em conjunto.

Ele veio morar em Torres, onde nos fixamos desde o dia 25 de julho de 1995 até o dia 14 de maio de 2012, quando nos mudamos para Foz do Iguaçu.

Na época do encontro eu já havia conhecido a Conscienciologia e feito alguns cursos. Ele se propôs a me acompanhar nos estudos, apesar de continuar ligado ao esquema de crenças. Tendo em vista que ambos vínhamos de trajetórias e experiências diferentes, dialogávamos sobre nossas prioridades e convivências.

Listamos o que estávamos nos propondo levar adiante e o que iríamos descartar. Entre as atividades que iríamos continuar realizando, colocamos o trabalho ecológico e os estudos da Conscienciologia. Descartamos a participação em partidos políticos, em atividades religiosas e em movimentos populares. No início não foi fácil a convivência, pois éramos duas pessoas com mais de 50 anos de idade e o que nos uniu não foi a paixão e sim a amizade e o companheirismo. Ele, agricultor, viúvo, pai de dez filhos que vivia sozinho em sua residência da roça. Eu, professora, solteira, que morava sozinha, com alunas que durante a semana permaneciam em minha casa para poder estudar.

De repente, duas pessoas com costumes e hábitos diferentes decidiram morar sob o mesmo teto, cada um com seus projetos de vida. Era preciso encarar essa nova realidade. Para isso, criamos técnicas para melhor conhecimento mútuo e para alcançar adaptação de convivialidade afetiva. Propomo-nos a fazer uma lista do que o outro teria que mudar ou melhorar e as qualidades que cada um encontrava no outro. Entregamos os papéis um ao outro e, após dez dias, sentamos para conversar sobre essas listas. Essa técnica foi muito proveitosa e nos auxiliou a viver o presente, sem evocar o passado.

Firmando na ideia de que a valorização do trafor do outro é importante para fazer a assistência e se conectar com os amparadores, é preciso ficar muito atento. Uma das questões a que nos propusemos foi o respeito mútuo, não esquecendo as tarefas existenciais e os projetos de vida de cada um, além do que teríamos que levar em frente em conjunto.

As tarefas caseiras, desde os primeiros dias, foram realizadas por ambos, o que ajudou para que nenhum ficasse dependente do outro. Outro ponto relevante foi a quebra do tabu de ordem afetivo-sexual. Mantínhamos diálogo franco, auxiliando o outro, por mais difícil que isso parecesse, mudando o preconceito de que falar de sexo seria imoral.

Hoje, eu considero que o investimento na sexualidade sadia é o que aumenta a afetividade, evita carências e favorece as defesas energéticas em relação aos ataques energívoros das consciexes doentes. Usufruir da sexualidade diária é buscar a saúde do casal, é realizar a profilaxia de assédio de conscins e consciexes. A participação no curso de Sexossomática, ministrado pelo professor Waldo Vieira, serviu-nos para descobrirmos quantas bobagens envolvem o mito do sexo. Hoje, a visão sobre sexo já mudou muito. A educação sexual nas escolas ajuda a esclarecer de maneira simples e sadia a nova geração.

Além do entendimento afetivo-sexual, as concessões tornaram-se necessárias e inevitáveis na convivência do dia a dia da dupla evolutiva. Convém lembrar que concessão não é submissão ou derrota da opinião de um ou do outro. Isso não significa ausência de crises de crescimento do casal. A evolução e o crescimento são frutos de crises positivas, tanto pessoais quanto em dupla ou em grupo.

O caminho é usar a racionalidade e auto-observação como ferramentas para superar a emocionalidade e a suscetibilidade. O auto e heteroperdão são as molas mestras para a convivência sadia em dupla. O exemplarismo e a tares na dupla fortalecem os laços de convivência entre ambos e impulsionam as reciclagens existenciais e assistência mútua.

A tolerância é um dos requisitos indispensáveis na convivência. É impossível duas consciências pensarem igual. O importante é ambos aprenderem a abrir mão, priorizar e entender as necessidades do outro.

A convivência escancara os trafares, ou seja, os defeitos desconhecidos ou julgados superados. Disso surge a grande oportunidade para o auto-enfrentamento e a superação.

A alegria e a assistência mútua, por meio de atos espontâneos e brincadeiras, acabam com o tédio e as *chatices* rotineiras do dia a dia.

Almejamos que, em cada novo despertar, seja possível vislumbrar uma nova chance de aumentar a capacidade mútua de assistência, por meio do convívio sadio com a nossa dupla evolutiva. Para isso é importante impregnar o máximo de tempo com pensamentos, palavras e ações construtivas.

CAPÍTULO 9

MOVIMENTO DE MULHERES – EDUCAÇÃO POPULAR

Com a disposição de realizar um trabalho de conscientização junto às mulheres da comunidade, senti necessidade de ancorá-lo em pesquisas referentes à visão e à atuação da mulher em amplas frentes, em situações e em países diferentes.

Olhando para o passado, encontramos registros de várias iniciativas precursoras de mulheres que pretendiam acabar com os atavismos culturais que as relegam a um plano de inferioridade e de dependência total ao homem, associada à ideia de serem unicamente mães e esposas. Foi a partir dessa constatação que, já naquela época, propus-me a escrever um livro sobre todas as minhas vivências.

A escritora Virginia Woolf (1990, p. 138), em sua análise, mostra o porquê de apenas um número muito reduzido de mulheres terem tido a coragem de apresentar na sociedade uma obra criativa, artística ou literária. Segundo ela, para desenvolver essas atividades, tornar-se-ia necessário um mínimo de recursos financeiros e um espaço próprio, o que, em hipótese alguma, era cogitado no sistema patriarcal então vigente. Apesar dessa constatação, encontramos mulheres que romperam todos os preconceitos, vencendo obstáculos, tornando-se autônomas e independentes, entre elas: Joana D'Arc, Santa Tereza D'Ávila, Safo de Lesbos, Emília Pardo Bazán e George Sand. Até os dias atuais (Ano-base 2013), a luta tem sido árdua.

Quando nos perguntamos sobre as causas das diferenças entre os gêneros, torna-se necessário considerar o aspecto físico dos representantes dos dois sexos. As mulheres, em suas funções reprodutoras e, instintivamente, procurando agradar o homem, recebiam, em troca, a segurança econômica e emocional do marido. Os valores e os símbolos ligados às mulheres – religião, sofrimento, submissão e silêncio (Maria calava e guardava tudo...) destacam o papel tradicional da mãe, mostrando que seu lugar é no lar e suas funções são a maternidade, o cuidado com a moral e a educação da família, valores sagrados.

Na sociedade atual, entretanto, nada justifica a ideia de que só a mulher seja responsável pela educação dos filhos, relegando sua identidade apenas às funções de mãe, esposa e rainha do lar.

As primeiras manifestações apresentadas pelas mulheres brasileiras ocorreram na década de 30, quando exigiram o direito de voto. A ação foi liderada pelo Movimento Feminista da Classe Média do Rio de Janeiro. Em 1932, foi-lhes concedido o direito de votar e de ser votada, com restrições, pois só podiam votar as mulheres casadas, mediante autorização do marido e as solteiras e viúvas com renda própria. Tais determinações só foram revogadas em 1934.

As tendências favoráveis à participação das mulheres na política, por meio do voto, tiveram continuidade durante o Governo Vargas (1937 a 1945) estabelecendo 8h de trabalho / dia e o salário maternidade, garantia de emprego e tempo livre para a amamentação durante o trabalho. Entretanto, a legislação não saiu do papel e as condições mudaram pouco para as mulheres.

Essa é uma ideia e um campo minado há séculos. Nenhum poder político nem religioso têm o direito de prescrever o que é melhor, ou traçar o destino pessoal da mulher. Cada mulher tem o direito de escolher o que será mais produtivo para a sua realização ou o que não condiz com os seus planos ou anseios. O que está auxiliando a mulher a fazer melhores escolhas atualmente é o acesso à escolaridade. Ela descobriu que é capaz de realizar os afazeres domésticos e ainda se dedicar ao estudo. Para isso, necessita de organização e disciplina. Atualmente (Ano-base 2013), já existem mulheres que optam em não ter filhos.

Segundo um artigo da Revista da Folha de 31.03.2002; p. 4 a 9, sob o título *As sem filhos,* destaca-se a tendência mundial crescente, incluindo o Brasil, da opção feminina de não querer ter filhos, principalmente em mulheres de melhor nível econômico e intelectual. Nem sempre essa escolha parece se revestir de um caráter humanitário, mas sim, pode constituir-se em uma manifestação egoísta.

Em contraponto, uma antimaternidade sadia tem o seu foco na produtividade e na assistência a inúmeras consciências. Essa decisão decorre de uma atitude planejada, com o objetivo de dedicar mais tempo a gestações conscienciais (os trabalhos de escrita, artigos, livros), que venham em benefício de um maior número de pessoas, não se restringindo somente aos integrantes de uma família.

Em determinadas situações, as mulheres que não querem ter filhos são abordadas com questionamentos hostilizantes e estigmatizantes. Passei por essa experiência. Por eu ter optado em não ter filhos, desde a infância, fui considerada apta para a vida religiosa.

Assim, após sair do convento, resolvi dedicar todo o meu tempo e toda minha energia ao exercício do magistério e ao voluntariado junto aos movimentos populares. Desse modo, fui intensamente questionada quanto à minha opção, com a alegação de que: "Não querendo ter filhos, quem vai cuidar de você na velhice ou quem vai ficar com sua herança?".

Ainda é muito difícil para as pessoas entenderem e aceitarem a decisão da mulher de se dedicar, totalmente, a ajudar aos outros por meio da produção de gestações conscienciais e da tarefa do esclarecimento. No entanto, a mulher que assim procede está deixando uma herança para muitas gerações, esclarecendo e auxiliando na evolução por intermédio da interassistencialidade.

A introdução dos anticoncepcionais modificou as ambições feministas, abrindo novas perspectivas para empregos e atividades fora do lar, inclusive a educação, o que significa a gradativa abolição da discriminação pela desigualdade nos salários e nos direitos trabalhistas.

No âmbito da comunidade regional de Torres, surgiram alguns projetos bem estruturados, como, por exemplo, a criação da "Casa da Mulher", espaço onde passaram a ocorrer encontros de mulheres discutindo vários temas. A partir desses encontros, muitas mulheres tornaram-se líderes, fazendo análise da conjuntura e esclarecimento político nos grupos populares.

Tomando o seu próprio pulso, a mulher se abriu para novas ideias e se dispôs a traçar um novo rumo para a sua história. Diante dessa nova realidade, surgiu a necessidade da mudança pessoal, tornando-se a mulher consciente dos seus processos de pensamentos, escolhas e opções, ou seja, das questões com as quais não se confrontava no passado.

A partir do momento em que a mulher tomou consciência de sua situação, desencadeou-se o processo de mudança. Quando ela percebeu que podia escolher e eliminar as influências de condicionamentos do passado que lhe ameaçam estagnar, surgiu, então, o seu posicionamento de compromisso e reflexão de que: "*não tem que ser assim, somos capazes de mudar*".

Particularmente, comecei a me questionar seriamente quanto ao "ser mulher". Costumava empenhar-me ao máximo em ajudar as outras mulheres, mas dedicava pouca atenção às minhas necessidades e prioridades afetivas. Esquivava-me sempre dos questionamentos sobre por que não tinha um relacionamento afetivo. Aos poucos, percebi que ainda levava comigo os resquícios dos condicionamentos da freira, mesmo muito tempo após ter abandonado a vida religiosa, o que, de certa maneira, me aprisionava e impedia de ser uma mulher livre em minhas escolhas.

A partir dessa constatação, decididamente procurei ajuda. Por meio de grupos de terapias alternativas com técnicas bioenergéticas, iniciei meu processo de mudança. As técnicas de autoenfrentamento foram de grande auxílio, em especial a do *posicionamento* perante mim mesma.

No momento em que os condicionamentos do passado ameaçavam me barrar, procurava refletir e me questionar: "Por que isso tem que ser assim se hoje já não vivo mais essa condição?" "O que me impede de mudar?" Assim, à medida que ia alcançando maior autonomia e vencendo o temor de mostrar minha verdadeira identidade, meu relacionamento, em termos afetivos, homem / mulher, melhorou. Questionava-me por que eu teria que ser sempre "a certinha" e "estar bem na foto?" A partir disso, fui tomando consciência e assimilando o fato de que o equilíbrio e a convivência entre os dois sexos são condição indispensável para que aconteça a verdadeira evolução, tanto do homem quanto da mulher.

Tais reflexões me levaram à importante constatação: a falta de conhecimento a respeito da multiexistencialidade enseja a criação e a manifestação de comportamentos controversos sobre a questão de "gênero" – o ser mulher ou o ser homem. A consciência é sempre a mesma, podendo ressomar, ora como sendo do sexo masculino em uma existência ora sendo do sexo feminino em outra. O que realmente importa é evoluir consciencialmente em cada estágio humano.

À medida que um maior número de mulheres vai alcançando sua autonomia e seu temor de incapacidade frente à vida vai se extinguindo, torna-se importante a assimilação da ideia do equilíbrio entre os dois sexos, uma vez que é impossível descartar a contribuição, seja do homem ou da mulher, no processo formador da história.

Ninguém substitui ninguém, cada um está aqui por um propósito, uma finalidade. Cada vida tem o seu significado e deve ser colocada a serviço da humanidade como um poder integrador. Alguns valores, tais como a cooperação, a paciência, a persistência e a compaixão, são considerados mais femininos.

Refletindo sobre a mulher, passei a entender o que ocorre na convivência entre o homem e a mulher. O que eu havia experienciado, até então, é que a mulher teria que ser submissa, segundo os dogmas religiosos.

Percebi que a liberação da mulher, em princípio, melhoraria sua relação afetivo-sexual com o homem, bem como promoveria mudança na estrutura familiar. Para que isso ocorra, torna-se necessária a mudança da sociedade opressora e autoritária, que impõe papéis para ambos em sua posição no lar. Nisso, a mulher tem um papel importante, auxiliando o homem a libertar-se dos atavismos culturais. Por outro lado, o início da mudança se dará por meio da educação igualitária, da independência e autonomia econômica, emocional e sexual da mulher, desde a infância.

Movimento das mulheres agricultoras – Uso de ervas medicinais

Acompanhei de perto o surgimento do movimento das mulheres agricultoras do Rio Grande do Sul e de Santa Catarina, que ocorreu no ano de 1983, em um contexto nacional de imposição do pacote agrícola de modernização da agricultura.

Os movimentos de organização das mulheres trabalhadoras tiveram seu início nos estados do Rio Grande do Sul e Santa Catarina e logo se espalharam pelo país. Tais organizações buscaram modificar a imagem tradicional das trabalhadoras da roça, antes desrespeitadas, esquecidas e invisíveis perante as leis e os direitos previdenciários.

Amparadas pelo Sindicato e pela Comissão Pastoral da Terra, tiveram acesso a uma multiplicidade de informações.

Na época, eu trabalhava junto aos agricultores na condição de voluntária, mais especificadamente na Região de Torres, como relatado. Participava ativamente em todas as frentes, em especial nas Comunidades Eclesiais de Base (CEBs), nas quais a fé era ligada à política, de acordo com a *Teologia da Libertação*.

As mulheres participavam ativamente nos debates sobre saúde e atuavam nas mobilizações para a melhoria de suas vidas e pela conquista de seus direitos. Essas ações tiveram papel relevante, demonstrando força e união, algo que jamais havia sido considerado e visto por essas cidadãs, completamente ignoradas pela política brasileira. Para a divulgação de novas ideias, as mulheres aproveitavam espaços comunitários após as celebrações religiosas. Mediante esses encontros, surgiram líderes nas comunidades, que se reuniam periodicamente. Cada grupo foi escolhendo sua representante para participar da formação dos núcleos.

Na região de Torres, surgiram nove núcleos formados pelas representantes das localidades próximas. Cada um desses núcleos escolhia duas representantes para formar o Conselho Regional do Movimento da Mulher da Roça. O conselho realizava encontros de preparação do material de estudos e do planejamento de atividades, que consistiam de propostas para planos de saúde dirigidos ao Governo e para a conscientização da saúde da mulher, educação dos filhos, manejo e uso das ervas caseiras e autovalorização.

Nessa caminhada, as precursoras do movimento das mulheres enfrentaram barreiras e dificuldades criadas por seus companheiros, maridos, alguns representantes das igrejas e alguns líderes sindicais. Mesmo assim, o movimento se solidificou de tal forma que, em pouco tempo, a adesão foi evidente e o conjunto dessas mulheres mostrou a sua força de organização. Portanto, a história da organização da mulher começou quando ela foi se erguendo, projetando e descobrindo a capacidade de buscar sua dignidade de pessoa humana.

À medida que a mulher da roça, que apenas tinha o direito de trabalhar e ir à igreja, começou sua participação nos encontros com outras mulheres, foi descobrindo que os problemas que as preocupavam não eram somente seus e, sim, da maioria de suas companheiras. As mulheres passaram, assim, a criar nova forma de avaliar a própria vida e procurar solução para os seus problemas.

A partir desse momento, a mulher da roça, que vivia como sombra e era pouco significativa para a oficialidade, desencadeou um processo qualitativo para a histórica mudança.

Falar e escrever sobre a própria vida, tirar de dentro de si o que a estava *caramunhando,* fez a mulher extrair da poeira fatos que ainda as prejudicavam. No entanto, era preciso lembrar que passado é passado e não pode ser mudado. Por meio dessas reflexões, surgiram muitas ideias e propostas de mudança de atitudes.

O "estar junto", falar da própria vida, partilhar dúvidas e vivências cotidianas, fez crescer a confiança mútua que surtiu um efeito importante para as participantes. Tornou-se visível o resultado desse trabalho de trocas e confidências, que fez a mulher olhar para a sua companheira de maneira diferente, mais amiga e compreensiva. Essa é uma maneira de ver a própria realidade refletida na imagem da outra. Diante de certas situações, procurávamos rir muito e tirar delas proveito positivo.

Ao ver a simplicidade e a forma sincera com que as companheiras relatavam suas experiências, senti-me envergonhada, pois eu não tinha coragem de me expor da forma tal qual elas faziam. Intimamente, sentia-me muito mal por ser tão covarde e orgulhosa. Questionava-me: "Por que eu tenho que ser a melhor, a que detém o saber, a perfeita, a que comanda?" Entrei em uma crise que me fez refletir seriamente sobre a minha atitude. "Por que continuo agindo da mesma maneira?" Passei alguns dias sentindo que, dessa maneira, eu não poderia continuar. Então, resolvi participar, novamente, de terapia de grupo em busca de auxílio.

Inicialmente, precisávamos nos apresentar. Após a apresentação, o terapeuta propôs a dança das máscaras. Cada participante recebia uma série de máscaras: "a boazinha, a braba, a mandona, a perfeita, a tímida, a calada, a faladeira, a que sabe tudo, a vaidosa, a santinha, a orgulhosa, a medrosa e a controladora". A troca de máscaras, durante a dança, era realizada de três em três minutos. No final, cada participante tinha que relatar como se sentia ao usar as diferentes máscaras e qual a máscara lhe havia chamado mais atenção.

No meu caso, a que mais me impactou foi a máscara da medrosa, pela sensação de medo experienciada. A partir dessa constatação, foi realizado todo um trabalho que me ajudou muito. Recebi muitas dicas valiosas para mudar. Esse trabalho continuou por um longo período. Havia muita confiança entre os elementos do grupo. Essa terapia auxiliou e facilitou a continuidade do trabalho com as mulheres, porque passei a ter um novo olhar sobre as companheiras – um olhar de amiga compreensiva, solidária e mais humana.

As mulheres foram assumindo as lideranças, não deixando de efetuar os afazeres domésticos.

As reuniões eram organizadas com espaço para estudos, palestras, teatro, dança, artesanato e a gravação de um programa de rádio denominado *A Mulher da Roça,* que ia ao ar, semanalmente, durante 15 minutos. O entusiasmo era grande e o trabalho realizado despertou o interesse da comunidade toda.

Para assuntos de saúde, política, economia, ecologia e psicologia buscavam-se os palestrantes gabaritados para dar os devidos esclarecimentos e solucionar dúvidas. Além disso, em minhas andanças, levava um gravador para colher depoimentos de fatos e histórias interessantes que contribuíssem para a realização do programa de rádio.

A partir das palestras sobre a saúde da mulher, surgiu a ideia da escrita de uma cartilha que esclarecesse o funcionamento do corpo da mulher. Os assuntos desenvolvidos eram sobre gravidez e os sistemas do corpo humano e seu funcionamento, com gravuras e a nomenclatura de todos os órgãos. Em especial tratava da sexualidade: como acontece a reprodução, os cuidados na gestação, parto, métodos anticoncepcionais e doenças sexualmente transmissíveis. Com esse trabalho, a mulher descobriu que conhecer o próprio corpo fazia parte da construção de sua identidade.

A mulher que antes saía de casa apenas para visitar as vizinhas e tomar chimarrão, agora sairia para estudar a sua saúde e os seus direitos, o que se tornava difícil explicar para o seu marido. Os homens sempre queriam saber o que haviam feito e qual havia sido o ganho com tais reuniões. Assim, quando ela chegava em casa com um artesanato, tornava-se mais fácil e não necessitava dar maiores explicações.

O apoio pela aposentadoria era visto com bons olhos, contudo, a ideia da mulher querer ser sócia do sindicato, ser vereadora ou dirigente de cooperativa não se ajustava às ideias machistas dos homens (SCHAAF, 1992, p. 225). As mulheres começaram a discutir a questão da sindicalização, dos direitos sociais e das propostas da nova constituição que apresentava os seguintes assuntos: reconhecimento da profissão de agricultora, salário maternidade, auxílio acidente de trabalho, título da terra e da posse da terra no nome da mulher.

Um fato notável ocorreu no dia 17 de outubro de 1986, em uma grande concentração no ginásio de esportes do Gigantinho, na cidade de Porto Alegre, onde as mulheres de várias localidades do estado do Rio Grande do Sul demonstraram a força de sua união, buscando a atenção do Ministro da Saúde e de demais autoridades. Em seguida, no ano de 1987, organizou-se uma caravana a Brasília de mais de 12 mil mulheres, que cobravam a concessão dos direitos da mulher da roça.

O reconhecimento desses direitos e da profissão, assegurados às trabalhadoras rurais na Constituição de 1988, significou um grande avanço para a independência do movimento, expandindo-se até a criação, em 1989, do Movimento das Mulheres Trabalhadoras Rurais do RS (MMTR). Não mais sindicato nem religião dariam as coordenadas para o rumo da Organização.

Ao perceber que não havia mais a necessidade de eu tomar a frente nas atividades, tendo quem assumisse a liderança, propus-me, apenas, a dar apoio aos grupos e partir para outra frente de atuação.

Na medida em que o movimento foi crescendo, a identificação com os projetos políticos, sociais, econômicos e de saúde ampliou-se. Em uma cartilha, compilada em 1989, foram expostos os objetivos que expressavam a vontade e a pretensão de um movimento independente que buscasse a defesa dos direitos da mulher. Entendeu-se que, para definir "nosso" movimento, seria necessário que as mulheres pensassem, apresentassem sugestões, coordenassem e decidissem por elas mesmas, pois ninguém melhor do que as próprias mulheres para saber a respeito de seus problemas e reais necessidades.

Na área da saúde, desenvolveu-se o trabalho da saúde alternativa, pela medicina caseira, que foi iniciado por meio da discussão e da elaboração das etapas. Neste processo, o auxílio de todos os grupos foi de grande importância. Considerando que a sabedoria popular passa pelas gerações, o início dessa atividade foi na própria casa das participantes. Cada mulher precisou levar uma erva de chá e um bilhete com o nome da planta e respectivo uso. No grupo, era feito o levantamento das ervas por espécie e eram listadas as propriedades e a forma de aplicação de cada uma, com o auxílio de livros de plantas medicinais, além da identificação e o reconhecimento da sabedoria popular.

Com a presença de dois voluntários italianos, um botânico e uma farmacêutica, que vieram estagiar com os grupos, ampliaram-se as pesquisas referentes à identificação, à coleta, à secagem, à propriedade e ao uso das ervas na medicina caseira. Representantes de vários grupos fizeram cursos e oficinas orientados por esses técnicos. Alguns pontos simples, mas importantes, foram ventilados, como o de que a maioria das plantas deve ser colhida após a secagem do sereno da manhã, procurando sempre as plantas mais desenvolvidas e velhas. O melhor estágio de colheita das folhas e talos é quando as flores estão para abrir. Por outro lado, a melhor época da colheita das plantas é no outono ou inverno, quando elas têm mais substâncias medicinais, e as raízes armazenam maior teor medicinal. A melhor forma de secagem é na sombra e ao ar livre, entre outras tantas técnicas.

Um dos trabalhos importantes foi a confecção do álbum herbário com as plantas e raízes secas, no qual foram anotadas as características e as indicações de cada planta, por exemplo: Jurubeba. Características: arbusto de caule, folha e ramos espinhosos. Flores brancas ou lilás. Frutos amarelos. Indicação: chá ou infusão para fígado, pâncreas e vesícula.

Para facilitar e proporcionar maior acesso às plantas, vários grupos arranjaram um espaço em que foram plantados e organizados os herbários da comunidade. Foram realizadas trocas das mudas de plantas medicinais. Cada grupo foi formando a sua horta, conhecida como: *a farmácia viva* ou *farmacinha medicinal*. Após muitas pesquisas, estudos e treinamentos, foram realizadas as manipulações das ervas, em forma de tintura e pomadas, sendo utilizado para esse fim os produtos caseiros como o própolis, o mel, a cera de abelha, a cachaça, o álcool de cereais e outros.

O programa da farmácia caseira recebeu grande aceitação, além de trazer resultados concretos em relação à saúde e ao bem-estar da sociedade, servindo de instrumento para pressionar a favor de um melhor atendimento de saúde pública. Isso foi notável e, em certos locais onde as farmácias foram organizadas, logo surgiram os postos de saúde para atender à população, com a presença esporádica de algum médico.

Um alerta que sempre se teve em mente é o de que muitas doenças se manifestam por meio de sinais. Se tratarmos apenas esses sinais e se eles retornam e se agravam, a melhor solução é procurar com urgência um médico, para não perder a melhor época de tratamento da doença.

Além da ampliação dos conhecimentos de uso e manejo das ervas medicinais, as mulheres também desenvolveram as técnicas dos primeiros socorros e noções básicas de massagem. A massagem serviu como importante ponto de apoio para a medicina caseira. As noções de *Do in* e a Reflexologia possibilitaram atuar diretamente sobre os pontos lesados.

Com o auxílio do conhecimento e da experiência que eu havia adquirido, somada à ajuda de uma massoterapeuta profissional, o grupo de mulheres teve a oportunidade de adquirir técnicas e noções sobre chacras, meridianos e circulação das energias vitais. Muito embora, por vezes, tenha sido necessário simplificar os conteúdos, os ganhos foram positivos. Prova disso é que várias mulheres procuraram cursos de aperfeiçoamento e, com muito estudo, adquiriram a prática necessária para auxiliar muitas pessoas. Algumas mulheres que frequentaram escolas de massoterapia se tornaram profissionais.

Além das terapias de grupo, tive a oportunidade de conhecer e trabalhar com um médico naturista que me proporcionou um grande aprendizado sobre alimentação. Foi a partir desse conhecimento que se iniciou mais um trabalho relevante junto ao grupo de mulheres e agricultores da região, orientando a respeito de alimentação saudável. Realizamos uma série de pesquisas e aplicamos na prática, obtendo bons resultados. Nutrição e higiene dos alimentos saudáveis foram questões debatidas exaustivamente. Buscava-se a volta às raízes "Que o nosso medicamento seja o nosso alimento e que o nosso alimento seja o nosso medicamento", já dizia *Hipócrates* (476 a.e.c.).

É provado que o nosso organismo e a mente são o reflexo do que comemos. Psiquismo, vontade, humor e sentimentos têm íntima relação com o que, o como e o quanto se ingere. Questionar nossa alimentação e mudar nossos hábitos alimentares recupera e conserva a vida saudável.

A trofoterapia repara e conserva o organismo humano com saúde e beleza, impregnando-o de energia e promovendo a longevidade. Essa terapia não é encontrada nos consultórios médicos, hospitais e farmácias. Menos ainda em laboratórios ou institutos de beleza. É na natureza que devemos buscar: ar puro, água limpa, luz solar, vegetais e frutas de boa procedência. Além disso, devemos promover hábitos sadios, ambientes higiênicos, exercícios físicos e pensamentos positivos que nos trazem saúde.

Convém ressaltar que pouco a pouco fui diminuindo a quantidade e prezando pela qualidade da alimentação. Ocorreu melhor assimilação simpática (absorção e percepção empática das energias das pessoas), não sobrecarregando o organismo. Esta mudança de hábito fez com que muitas pessoas ao meu redor também procurassem mudar para melhor, tanto a família quanto os amigos.

Mudar hábitos é sinal de inteligência, persistir na mudança é muito importante.

Educação Ambiental

As décadas de 1980 e 1990 foram marcadas por preocupações com a agricultura ecológica, o que abriu caminhos para a defesa ambiental. Na sequência, os projetos de educação ambiental passaram a ser preocupação dos agricultores jovens, mulheres e homens da grande região de Torres. Experienciando uma significativa mudança nos meus hábitos de alimentação, propus-me a apoiar com empenho essa nova empreitada. Já havia constatado que os jovens e as mulheres estavam preocupados com seus pais, que adoeciam por meio do uso indiscriminado de agrotóxicos. Doses abusivas de agrotóxicos eram aplicadas em plantações de arroz, tomate e banana, o que provocava alergias e outras reações.

Grupos de ecologistas passaram a debater sobre os usos dos agrotóxicos, o que trouxe alguns resultados positivos. Dedicaram-se ao plantio de hortigranjeiros para o abastecimento de feiras. Coube-me acompanhar de perto o trabalho de um dos grupos, que, em reuniões sucessivas, trocava experiências, buscando estratégias para a sustentação da iniciativa inovadora com a necessidade urgente de buscar mudança no jeito de pensar. Como opção, organizou-se a venda de sacolas de alimentos mais sadios para o consumo.

Como programa de apoio integrado, os produtores distribuíram listas aos professores e consumidores, possibilitando que fizessem as suas encomendas. As entregas semanais eram feitas na escola, por meio de um encarregado voluntário.

Esses agricultores organizaram-se e conseguiram trazer, para a região, técnicos e agrônomos que formaram um Centro Ecológico. Após alguns meses, com o apoio desse Centro, surgiu a ideia da criação da Cooperativa de Produtos Ecológicos de Três Cachoeiras, município da grande Torres, sendo orientada por agrônomos e técnicos agrícolas, centralizados na região. A criação da Cooperativa de Produtos Ecológicos, em Três Cachoeiras, foi um grande passo.

O exemplo da bem-sucedida experiência, pioneira na região, despertou interesse das lideranças e do grande número dos já consumidores de produtos orgânicos de Torres. A ideia que alia o princípio cooperativista ao consumo de alimentos sadios, em equilíbrio com o ambiente e a parceria com os agricultores e ecologistas, tornou-se uma realidade.

Participei, com meu marido, do grupo que fundou, em 11 de novembro de 1999, a Ecotorres – Cooperativa dos Consumidores Ecológicos de Torres – que hoje é um ponto de referência em produtos e também um centro de encontros turísticos nacionais e internacionais.

Os produtos oferecidos pela cooperativa são despoluídos, sendo que os produtores da mesma região independem de fertilizantes químicos, provenientes do petróleo. A produção associtivista, cooperativa e solidária, demanda menos energia. Os produtos resistem às mudanças climáticas. É reduzido a zero o impacto sobre a biodiversidade. Em todos os empreendimentos da entidade, as decisões são compartilhadas, tomadas por todos os produtores e consumidores. Assim, a economia solidária coloca a forma de produção, a distribuição e o consumo a serviço da plena satisfação das necessidades de todos que têm como meta principal a valorização do ser humano, e não o capital. Essa iniciativa combate o desemprego e a exclusão social. Também é vital ao desenvolvimento local, quando compramos produtos de nossa região, de valor agregado com reversão para investimento básico.

O consumo solidário e responsável não se refere somente ao alimento. Por falta de conhecimento, entram em nossas casas substâncias químicas perigosas em forma de sabões, detergentes, desinfetantes e as próprias embalagens. A tarefa diária de lavar roupas, louças e fazer limpeza se tornaram mais uma fonte de poluição ao ambiente e, certamente, à saúde humana. Buscar alternativas aos produtos de limpeza sintéticos e industrializados é fundamental para os que estão preocupados com sua saúde e a do planeta.

Essa foi uma das ações que concretizou a ideia que eu vinha alimentando desde a época em que comecei a atuar junto à população de Torres. É a prova de que, quando empenhamos nosso esforço em prol de todos, as ideias se consolidam e se tornam concretas.

A caminhada de 14 anos, dedicada à educação ambiental e à alimentação saudável, na qual havia adquirido muitos conhecimentos e experiências, era uma nova forma de pensar e precisava ser levada para a escola. Para tanto, elaboramos e colocamos em prática o projeto *"Plantar cultura – florescer educação"*, na escola onde eu atuava na condição de professora.

Minha formação superior era Pedagogia. Para trabalhar esse assunto na escola, eu necessitaria algo que comprovasse habilitação nessa área. Não tive dúvida, procurei a *UNIPAZ* que oferecia cursos de formação holística. No currículo constavam vários módulos sobre educação ambiental. Frequentei quatro anos do curso e recebi o diploma que me habilitou a implantar um projeto ambiental na escola em que eu atuava.

Essa foi mais uma mudança significativa do esquema de educação tradicional e surpreendeu pela aceitação e aquisição de novas atitudes e comportamentos de muitos alunos e professores da escola.

Formamos uma equipe de professores afins com a ideia de propor um projeto que, após ser submetido às devidas avaliações, tornou-se uma ferramenta de ações positivas junto ao corpo docente e discente. Por meio desse trabalho, foram oferecidas oportunidades para o educando se perceber tal qual ser integrante e agente transformador, contribuindo com a melhoria de sua própria vida e a de seu planeta. As atividades foram desenvolvidas de modo interdisciplinar, proporcionando a participação de todos.

Uma vez criado o espaço, atuávamos efetivamente, ajudados por mais dois integrantes da equipe. Juntávamos os conhecimentos de um professor técnico ambientalista, de uma professora bióloga e os de meus trabalhos pedagógicos. As atividades envolveram toda a comunidade escolar local (urbana, rural e litorânea), por meio de ações de pequenos projetos e programas de apoio. Realizamos jardinamento, estufas, compostagem, terrários de garrafas plásticas, canteiros para plantação de mudas, essências aromáticas, medicinais, nativas, frutíferas, além da horta escolar e da coleta seletiva do lixo. Tivemos apoio e parceria de todas as áreas de conhecimento e segmentos da sociedade.

Juntamente com as atividades, desenvolvemos uma reflexão ampla sobre a questão ambiental, abrangendo não somente a proteção do planeta, mas também a melhoria da qualidade de vida das pessoas e comunidades. Uma das questões amplamente discutidas referiu-se à educação. Percebemos que ações isoladas são insuficientes para mudar o rumo da maioria da população, pois, na sociedade, o desperdício e a degradação das riquezas naturais ainda não merecem atenção. Falar a respeito do assunto e não assumir ações concretas nesse sentido seria contraditório. Por isso, as atividades se tornaram envolventes e, desde a pré-escola até o terceiro ano do Ensino Médio, todos buscaram formas de atuação.

O programa de adequação e utilização da área escolar, formando estufas, minhocário e plantio de árvores, transformou os espaços onde se acumulava o lixo em pontos de ação transformadora da escola. O plantio de sementes, a semeadura e a multiplicação de mudas realizadas com crianças da pré-escola e primeiras séries foram ações envolventes. A organização da horta escolar, formando os canteiros e transplantando as mudas de hortaliças, oportunizou amplas experiências para a vida dos educandos.

Eu vibrava ao perceber que as atividades, além de educativas, tornaram-se prazerosas e lúdicas. A colheita das hortaliças para a merenda escolar, a dança das sementes, os teatros de conscientização a respeito da seleção do lixo e o plantio de flores por toda a escola foram alguns exemplos. Todas as atividades criaram uma nova postura, tanto na forma de agir, quanto na saúde, na alimentação e na educação, refletindo no relacionamento familiar e social.

A metodologia empregada foi a progressista, obedecendo a diversos programas para difusão e manutenção do projeto.

As ações efetivas foram:

1. Reuniões com docentes e funcionários para a apresentação do projeto e dos recursos didáticos: *slides,* fotografias, painéis de debates e visitas.

2. Organização da coleta seletiva do lixo com vasilhames adequados para as salas e corredores.

3. Criação de um depósito próprio para o reciclo.

4. Venda do lixo seco para uma empresa recicladora, destinando o valor para a compra de sementes e ferramentas de jardinagem.

5. Promoção do minhocário, usando descartes da cozinha com o objetivo de produzir humos, utilizado para adubar e fornecer os nutrientes necessários para as plantas.

6. Manutenção dos jardins, bosques, árvores e gramados, semanalmente, por turmas de alunos acompanhados pelos respectivos professores da disciplina e monitorados pela equipe responsável pelo projeto.

7. Participação efetiva dos alunos em palestras de proteção ambiental e no comitê em defesa das águas, dos rios e lagoas, além das atividades no âmbito escolar.

8. Visitas aos pontos turísticos, históricos e geográficos, para identificar problemas ambientais e as características de Torres e região.

9. Participação do projeto "Farmácia Viva", em parceria com o "Movimento das Trabalhadoras Rurais" e alunos do terceiro ano do normal médio e séries iniciais, na identificação de plantas, suas características e o uso popular da medicina caseira em forma de chás e essências.

O atendimento às escolas municipais acontecia por solicitação, formando a corrente da implantação de projetos interdisciplinares de defesa ambiental. O projeto se tornou modelo básico na região litorânea.

As avaliações eram periódicas, baseadas nas anotações diárias dos participantes. No final do ano, acontecia a avaliação anual, que envolvia toda a comunidade escolar com o informe oficial às autoridades de ensino.

Um dos fatores positivos, que muito me auxiliou no desenvolvimento desse projeto, foi o fato de que eu já possuía noções de bioenergia (as energias da própria pessoa). Nas aulas e palestras eu procurava, sempre que possível, incluir noções sobre fitoenergia, zooenergia, hidroenergia, além de noções sobre chacras – vórtices energéticos.

Uma viagem retrocognitiva

Aproveitando as férias escolares e com intensa curiosidade de conhecer o Império Inca no Peru, resolvi integrar um grupo de amigos para realizar uma viagem até lá.

Dia 8 de fevereiro de 1995, manhã de domingo, às vésperas da viagem místico-cultural ao Império Inca, recebi a visita de um casal amigo de Criciúma / SC. Eles sabiam de minhas inquietações e do vazio existencial, além das buscas para sair dessa situação. Comentaram a respeito de cursos de Projeciologia e Conscienciologia que estavam realizando e convidaram-me a conhecer essa nova forma de encarar a vida e participar dos cursos ministrados pelo *Instituto Internacional de Projeciologia e Conscienciologia (IIPC).*

No dia seguinte, saí em viagem, produtiva em vários aspectos, pois o roteiro ofereceu várias oportunidades. Visitamos um museu de arte sacra, onde tive uma experiência marcante. Uma imagem, entre as centenas, chamou-me a atenção. Após a identificação, reconheci a figura de São Dionísio Areopagita. Senti um calafrio, meu corpo gelou, tive taquicardia, por uns instantes veio a nítida sensação de que me havia hipnotizado, seguida da sensação de reencontro, de tanta familiaridade. Não havia vivenciado algo semelhante, achei que era uma visão. Após alguns minutos de espanto, veio um sentimento de bem-estar, porém não nego que o fato levantou muitos questionamentos e hipóteses. Este foi um momento retrocognitivo de uma de minhas vidas passadas, ou foi apenas uma reação emocional motivada pela imagem do santo que havia inspirado a derivação do meu nome de religiosa, Dionise (de Dionísio)?

Ainda nessa viagem ao Império Inca, passei por outra experiência marcante.

Era uma manhã fria, 3°C. Subimos a montanha rumo ao Templo do Sol. No caminho, os componentes do grupo iam colhendo flores nativas para a celebração das oferendas ao Cosmos.

Após o encaminhamento do ritual, solicitou-se uma pessoa para fazer o papel de sacerdotisa. Depois de várias insistências, ninguém se prontificava a realizar a tarefa. Era frio, era preciso ficar descalço e descer ao centro do círculo, onde havia um lago. Tomei coragem e me dispus a exercer o papel. Só foi dito que eu teria que fazer a oferta das flores que cada componente do grupo me entregou.

Tirei o tênis e desci até o lago. No momento em que entrei no lago, percebi que estava sendo conduzida. De olhos fechados, realizei o ritual e a dança das oferendas. Após a tarefa realizada, voltei ao grupo. Abri os olhos e, para o meu espanto, todos os colegas eram transparentes. Havia uma grande multidão ao redor do lago. Além disso, fui calçar o tênis e vi que meu corpo também era transparente. Inicialmente, não entendi o significado de tal fenômeno. Todos os meus chacras pulsavam e uma intensa energia subia pela minha coluna vertebral. Eu estava totalmente descoincidida ou projetada para fora do corpo. Após o ritual, fomos para o restaurante almoçar. Eu continuei percebendo a aura das pessoas por algumas horas.

Procurei o dirigente da celebração que me explicou que eu havia descoincidido e entrado em transe. Eu não entendi muito bem, mas o importante é que me sentia confortável, apesar de um pouco assustada.

Com os conhecimentos que tenho hoje, chego às seguintes conclusões: houve manifestação parapsíquica, que é a capacidade inerente e natural da consciência de captar informações além dos cinco sentidos. Naquele momento, entrei em transe, estado alterado da consciência, e percebi o energossoma (as energias do corpo), o corpo energético das outras pessoas e ocorreu o fenômeno da clarividência (a vidência em outra dimensão que não a física).

No dia 14 de fevereiro, tive outra projeção. Durante o dia, havíamos visitado Machu Picchu, as ruínas da cidade construída nos gigantescos montes de granito. A vista panorâmica era de incomparável beleza. Aquele local tem um misto de energias positivas em contraponto às energias negativas de sofrimento, da guerra da época da colônia espanhola e do extermínio do Império Inca na conquista do Peru.

Era uma noite muito fria, os quartos com pouca calefação, mas os cobertores de lã de lhamas nos aqueciam. Cansada da caminhada de um dia inteiro, adormeci. Saí novamente do corpo por meio de uma projeção que pensei ser um sonho e fui até as ruínas onde havia médicos, curandeiros bruxos, tratando das pessoas (todas consciexes) que moravam nas ruínas inabitáveis. Havia senhores feudais, muitos índios e pessoas simples, todos presos àquele lugar. Chamou minha atenção, em especial, uma jovem que estava algemada com correntes em duas aberturas que havia na parede. Foram tão reais essas cenas que, quando voltei ao corpo, levei um susto, pois estava no quarto, deitada na cama do hotel, e não no local daquelas imagens.

Outro fato que me chamou a atenção é que eu me sentia muito mal em certos locais e, em outros, ao contrário, sentia bem-estar.

Ao retornar ao Brasil, encontrei-me novamente com o casal que foi à minha casa antes da viagem e relatei o que me havia acontecido. Diante do meu genuíno interesse em conhecer algo mais sobre esses assuntos, forneceram-me um número de telefone – o telefone do IIPC. Sem demora, entrei em contato com o Instituto e consegui uma vaga para fazer o Curso de Projeciologia. Esses amigos já conheciam a Conscienciologia e a Projeciologia e me acompanham, até hoje, nos cursos.

PARTE 4

FASE DA RECICLAGEM CONSCIENCIAL

54 ANOS EM DIANTE

CAPÍTULO 10

NOVO PARADIGMA

Conscienciologia e Projeciologia

"A Conscienciologia é a ciência que estuda a consciência "inteira", com todos os seus corpos, existências, experiências, épocas e lugares de vida, em uma abordagem integral, projetiva e autoconsciente em relação às várias dimensões existenciais. A consciência sou eu. A consciência é você. É, também, todas as pessoas próximas ou distantes na vida humana e todos os seres autoconscientes das dimensões fora da vida humana." (VIEIRA, 2012, p. 7).

Segundo Vieira (2012, p. 8), a Projeciologia é a ciência que estuda a passagem da consciência do estado da vigília física ordinária para o estado projetado. A consciência não é o corpo humano, este é apenas um dos seus veículos de manifestação. Na Projeciologia, o corpo é chamado de *soma,* antepositivo grego que significa corpo em oposição à alma. Além do *soma,* a consciência se manifesta com o *energossoma* (corpo energético), com o *psicossoma* (corpo emocional) e com o *mentalsoma* (corpo mental). A projeção é a saída para fora do corpo humano por meio do *energossoma,* do *psicossoma* ou do *mentalsoma.* A saída do corpo, conhecida também como "viagem astral", é o meio pelo do qual a consciência percebe ser mais do que o próprio corpo físico e passa a conhecer a realidade multidimensional.

As projeções da consciência são um dos objetivos e conteúdos estudados pela Projeciologia. Para entender o que é Projeciologia é importante frisar que qualquer pessoa pode vivenciar a experiência de estar fora do corpo, ou a chamada projeção consciente, que é uma experiência extracorpórea, também denominada desdobramento. Esse é um dos mais antigos fenômenos naturais manifestados na maioria das culturas orientais e ocidentais. São encontrados registros dos *xamãs* siberianos, dos *derviches*, dos *cátaros* e dos sacerdotes egípcios, além de outros relatos no decorrer da história da humanidade que evidenciam fatos explicando que os homens possuem outros corpos de natureza sutil, não investigados pelas ciências ortodoxas, pois, na maioria das vezes, tais fatos são revestidos de misticismo e até explorados pelo sensacionalismo, criando aversão dos cientistas convencionais.

A projetabilidade é uma capacidade natural, por meio da qual a consciência (ego, espírito, alma) deixa temporariamente o corpo físico (veículo denso) acessando a dimensão extrafísica, conhecida como céu, mundo invisível e outros. Ocorre quando adormecemos. No entanto, a maioria das pessoas permanece inconsciente para o fato. Por falta de lucidez, são perdidas horas em que poderíamos estar aprendendo e evoluindo. Foi o que ocorreu no meu caso, durante cinco décadas.

A projeção lúcida amplia os conhecimentos e permite encontrar amigos e parentes que já faleceram, o que me foi revelado no episódio da morte de minha mãe. Além disso, possibilita absorver energias imanentes e cósmicas, auxilia na eliminação de fobias, repressões e sectarismos, bem como facilita excursões de lazer, quando se fazem projeções para lugares turísticos, sem gastar com passagens ou bagagem. Um dos grandes benefícios da projeção consciente é que a pessoa perde o medo da morte, pelas experiências de sair e voltar ao corpo físico, por meio da constatação da imortalidade.

No dia 5 de abril de 1995, às 19h, participei, pela primeira vez, do Curso de Projeciologia. Inicialmente fiquei preocupada, pois não conseguia gravar tantos neologismos, palavras próprias de uma nova ciência. No decorrer do curso, tive a nítida sensação de que já havia tido contato com essas ideias e senti firmeza, pois estava encontrando respostas que há muito procurava. Sentia-me muito bem e com muita energia. Naquele curso, aplicávamos técnicas para obter a projeção consciente e, para tanto, deitávamos em colchonetes.

No fim de semana seguinte, participei do Curso de Técnicas Projetivas; eu queria entender o que havia ocorrido quando viajei ao Peru. Durante a aplicação da técnica tive uma projeção. Eu estava na porta de uma sala de aula recepcionando os alunos que vinham participar. Na sala, já estava um professor vestido de branco e, ao seu lado, outra pessoa com um brilho que me ofuscava a visão. Entraram 12 alunos e eu fechei a porta. O professor, com um caderno grande na mão, falava sobre consciência. Após o término da aplicação desta técnica, despertei e relatei a projeção ao professor, que sorriu indagando mais pormenores: dimensão da sala, cor das paredes, detalhes que eu não havia observado. Ele falou que, também, havia estado no mesmo lugar em que eu havia me projetado e que possivelmente isso seria um anúncio de uma precognição de que o próximo curso poderia realizar-se em Torres.

No dia seguinte, o professor, tomando providências, entrou em contato com o Rio de Janeiro, onde se localizava, na época, a sede mundial do *Instituto Internacional de Projeciologia e Conscienciologia (IIPC)* e obteve autorização para realizar, em Torres, uma das etapas do Curso de Projeciologia. Esse curso realizou-se no dia 19 de abril de 1995, com 12 alunos inscritos e no mesmo local que eu havia visto quando projetada.

Com a intenção de conhecer mais sobre o assunto, decidi aprofundar o estudo e iniciei o trabalho de voluntariado no Instituto, intensificando o processo de autopesquisa consciencial.

Uma experiência marcante para mim, que ocorreu em 1998, foi o encontro com minha mãe, depois de sua dessoma, quando eu consegui, projetada, encontrá-la, vê-la e conversar com ela. Na ciência Projeciologia, não utilizamos o termo "morte", mas sim "dessoma", que significa *desativação do soma.* A consciência nunca morre, apenas desativa o soma, passando a manifestar-se com os demais veículos até renascer na vida intrafísica novamente, em novo corpo, processo que chamamos de ressoma. Entre uma *ressoma* e outra a consciência passa um tempo na dimensão extrafísica, local em que se manifesta de *psicossoma* e *mentalssoma*. A partir daquele momento, passei a não mais ter medo da morte, medo que atormentou muito a minha vida desde a infância.

Nesse encontro projetivo, pude confirmar que minha mãe havia descartado o corpo físico, desfigurado pela doença, e que a sua consciência estava viva, conseguindo conversar por meio do mentalsoma e do psicossoma. Eu projetada e a mãe dessomada nos encontramos em uma outra dimensão, a extrafísica e não na Terra.

Segundo as ciências "Projeciologia" e "Conscienciologia", toda consciência deve procurar ter suas próprias experiências, seguindo o princípio da descrença: "Não acredite em nada, nem mesmo no que lhe dizem dentro das instituições conscienciocêntricas; tenha suas próprias experiências". Este princípio, estampado em um *banner*, está presente em todas as salas de aula em que são ministrados os conhecimentos conscienciológicos. No livro *Projeciologia*, do professor Waldo Vieira, encontramos várias técnicas para alcançar a projeção consciente.

Desde 1995, assisto cursos, participo de palestras técnicas e eventos do IIPC. Tenho o hábito de anotar tudo e reler de tempos em tempos para avaliar as conquistas obtidas por meio das propostas traçadas, tão produtivas.

A partir desses estudos parece que a minha mente se abriu e comecei a entender o quanto a religião me deixava estagnada e trabalhando contra a própria evolução e, ao mesmo tempo, barrando a evolução de outras pessoas, por meio de falaciosas manipulações. Estava presa a quem eu representava e defendia. Alguém, superior a mim, era o modelo que traçava o que eu deveria falar e qual o caminho seguir.

Em um dos cursos avançados com o professor Waldo Vieira, entendi que, à medida que vou conhecendo as verdades relativas de ponta, descubro que pouco ou quase nada sei a meu respeito. A partir dessa constatação, passei a ter um cuidado maior comigo mesma e maior auto-observação em relação aos meus trafores e trafares (qualidades e imaturidades). Senti, também, a necessidade de investir no processo da reeducação dos princípios e ideias que, até aquele momento, norteavam a minha vida. Acreditava que a luta por justiça social, pela igualdade de direitos e por salários dignos seria a melhor forma de evoluir pessoal ou consciencialmente.

Uma das minhas qualidades é a facilidade de me comunicar com as pessoas. Isso me fez ser bem-sucedida no meu trabalho com o povo. A criatividade também é outro trafor, pois a usava muito no preparo das aulas de religião e das reuniões populares. Com grande capacidade de convencimento, motivava o público a se agregar e a participar ativamente. Hoje, reconheço que era "perita" em lavagem cerebral, repetindo as "verdades de sempre" que a maioria gostava de ouvir, mas que, na verdade, causavam-me um grande desconforto, porque nem tudo o que eu ensinava para os outros eu conseguia aplicar. Mas, imbuída do encargo da missão de evangelizar, empenhava-me a encontrar palavras convincentes, proporcionando consolo ou bem-estar a quem me escutasse.

Na atual etapa da vida, estou me dando conta de que criei muita dependência e laços cármicos negativos, geradores de interprisões, por meio de um requintado emocionalismo, embora tivesse, como meta primordial, a libertação das pessoas (boa intenção). Entretanto, nenhuma forma de misticismo religioso, ou tendência político-partidária, é capaz de levar pessoas à autonomia nas suas decisões, ao contrário, desencadeia e reproduz um processo de maior passividade e dependência. Hoje reconheço que a tarefa de "desensinar", ou seja, a tarefa de esclarecer é o processo capaz de reverter esse quadro.

À medida que vou aprofundando as pesquisas, entendo que a verdadeira evolução é a consciencial, que se inicia no íntimo de cada ser. Percebo, também, que, melhorando os meus pensamentos, sentimentos e minhas energias (pensenes), torno-me mais centrada, assistencial e fraterna, desejando o melhor para todos. Outra constatação refere-se ao espírito justiceiro, camuflado pelo salvacionismo radical, ainda presente dentro de mim. Essa constatação me fez buscar maiores esclarecimentos sobre os conteúdos e princípios que norteavam a minha vida a partir da religião e da política, frente aos temas propostos para autopesquisa pela Conscienciologia.

Existem várias diferenças entre a religião, política e a Conscienciologia. Na tabela abaixo, é feita referência às posturas religiosas associadas à política praticada pelos governantes, em geral negativa, em contraponto à consciência política estudada em Conscienciologia.

Tabela: divergência entre religião/política e a Conscienciologia.

Religião / Política	Conscienciologia
Seguir cegamente os dogmas e princípios traçados pela Igreja ou pelos partidos políticos.	Procurar, por meio da autopesquisa, a comprovação da verdade relativa de ponta.
Seguir os exemplos dos santos e os ditames políticos.	Ser cobaia de si mesmo.
Ser exemplo de renúncia a favor do próximo.	Autovalorizar-se e empregar o exemplarismo objetivando a interassistência.
Conformar e consolar o pobre, oferecendo esmola material.	Fazer o esclarecimento.
Zelo exagerado e perfeccionismo.	Auto e heteropesquisa.
Autoculpa e flagelo físico.	Avaliação conscienciométrica.
Livros sagrados e cartilhas políticas.	Gestações conscienciais.
Salvacionismo.	Interassistenciologia.
Cultos, rezas e greves.	Tenepes.

Por meio de muita dedicação e esforço, organizei tempo e espaço para o estudo da Conscienciologia. Além das atividades profissionais, assumi o trabalho voluntário no IIPC.

Devido às falácias da religião e da política, decididamente me afastei, desvinculei-me da militância nos movimentos populares, o que teve um preço. As pessoas exigiam satisfação, porém não havia mais qualquer possibilidade de volta; não havia mais qualquer manifestação de crença, militância política e movimentos populares; eu havia decidido mudar. A partir do exemplo, estou tentando mostrar a minha mudança no jeito de ser e de pensar.

Indubitavelmente, constatei que toda atitude salvacionista, de qualquer espécie, seja intrusão mística, política ou cultural, mesmo sendo bem intencionada, torna-se altamente prejudicial e vicia a consciência. Em outras palavras, é induzir o indivíduo a agir pelas ideias dos outros, tirando-lhe o compromisso pessoal de responder por suas atitudes, acertos e erros. É um autoengano dispor-se a *fazer* coisas pelos outros e, igualmente, ilude-se quem espera tudo do outro. Descobri que, além de consolar, é necessário esclarecer, procurando ver o lado melhor das pessoas, sem demagogias.

A tarefa da consolação é a forma de assistir o indivíduo superficialmente, resolvendo apenas o que o aflige ou atrapalha no momento. É simpático para quem não tem intenções sinceras de mudar ou de reverter a situação. O esclarecimento, na maioria das vezes, cria antipatia por parte das pessoas acostumadas a serem consoladas. Quem se dispõe a exercer a tarefa do esclarecimento, que é a assistência em um nível mais avançado e esclarecedor, auxilia na reciclagem consciencial, o que jamais será possível em qualquer seita ou sistema religioso ou político.

A partir dessa constatação, decidi ser uma consciência mais voltada à evolução, a aprender a esclarecer e aprofundar os conhecimentos conscienciológicos para superar o autoengano de que, com a religião e a luta popular, eu iria salvar o mundo.

Extensão em Conscienciologia e Projeciologia 1 – ECP1

Sentia-me envolvida e motivada a participar das técnicas e dos cursos, aproveitando a oportunidade do curso ECP1 para aprofundamento dos conteúdos relativos à Conscienciologia. O ECP1 é um curso de extensão em Conscienciologia e Projeciologia, consistindo no aprofundamento da autopesquisa pessoal que resulta em reprogramação dos padrões de manifestação dos pensamentos, sentimentos e dos modos de atuação. Também oferece técnicas para autoenfrentamento em busca de maior lucidez e tomadas de decisões evolutivas.

Nesse curso, descobri o quanto eu me escondia atrás de uma série de máscaras. À medida que os professores foram falando, as máscaras foram caindo, mostrando a real situação. Percebi que os verdadeiros valores são os conscienciais e que, para desenvolvê-los, não há necessidade de rezas nem de movimentar bandeiras.

Comecei, então, a perceber que pequenas mudanças ocorriam, à medida que elaborava pensamentos mais sadios, auxiliando-me a ter mais autodiscernimento quanto a não mais tentar convencer os outros a seguirem o que eu julgava ser o "certo". Essas reflexões proporcionaram o reencontro comigo mesma e a resposta para vários questionamentos que me acompanharam durante os anos anteriores da existência aqui neste planeta.

"Quem sou eu?" "Para que eu nasci?" "Por que encrenco tanto com os outros?" "Por que tenho que ser tão *certinha* e perfeccionista em tudo?"

Durante a imersão do ECP1, as questões surgiam como em um filme, revelando toda minha vida, desde a infância, que se descortinou naqueles três dias. Era tão real, sendo impossível negar. Inicialmente, tive a sensação de fracasso e de improdutividade do esforço que havia investido durante muito tempo. Os conceitos que tinha a meu respeito foram desmoronando. Foi impactante a descoberta de que o emocional e a autoculpa comandavam muitas atitudes e ações, além de buscar ser reconhecida e bajulada pelos outros.

Com o auxílio dos professores e das técnicas apresentadas, tentei encontrar e listar os trafores e trafares, isto é, meus traços-força e meus traços-fardos.

Senti-me mais aliviada ao descobrir que, se reconheço um traço-fardo, é porque tenho a capacidade de corrigi-lo e eliminá-lo. Decidi mudar, implantar valores mais condizentes com a realidade consciencial; ser uma pessoa mais centrada e buscar a evolução íntima, por meio da autopesquisa e do aprofundamento dos conhecimentos conscienciológicos.

Essa nova visão, ancorada na multidimensionalidade e nas verdades relativas de ponta (verpons), levou-me a firmar um posicionamento perante os autoenganos que dirigiam minha vida até então.

Revendo a lista dos pontos a serem trabalhados, decidi colocar em primeiro lugar a atitude salvacionista. Cheguei à conclusão de que esse é um dos autoenganos no qual empreguei, seja nas atividades religiosas ou políticas, muito tempo da minha vida.

Esse autodiagnóstico foi o passo inicial para uma reciclagem que criou certo desconforto e que me levou à autoconfrontação, por meio do seguinte questionamento: "Se eu saí do convento, abandonei o sistema de crenças místico-religioso e desisti de toda e qualquer atividade política, por que ainda continuo com atitudes salvacionistas e de convencimento das pessoas? O que eu quero e quais são os ganhos ao manter essa atitude?"

Empreguei 2 trafores para realizar esse trabalho:

1. Decisão – para conseguir a mudança;
2. Vontade – para mudar de fato.

À medida que fui respondendo aos questionamentos, fui descobrindo outras atitudes não cosmoéticas a serem trabalhadas. Era preciso sair de uma trajetória ectópica para uma vida mais produtiva, voltada para a autoconsciencialidade, produzindo reciclagens intraconscienciais. Participei de cursos e laboratórios no CEAEC – Centro de Altos Estudos da Consciênciologia – em Foz do Iguaçu – PR, que me levaram a sérias reflexões.

A partir daquele momento, tomei a decisão de não me submeter às influências e às doutrinações, assim como não exercer a dominação e o controle sobre os outros indivíduos. Essa tomada de decisão foi o *divisor de águas,* um *marco* decisivo em minha vida. A técnica que utilizei foi a do autoenfrentamento por intermédio da autopesquisa, anotando tudo. Sair dessa trajetória para uma vida voltada à autoconsciencialidade foi meu grande objetivo. Resolvi adotar novas posturas e valores diante da vida, dedicando-me à autorreflexão e a um trabalho exaustivo com as práticas bioenergéticas.

Percebi que as experiências vividas desde a infância denotam a presença de um razoável número de trafores que me auxiliaram na superação do meu jeito de ser e de pensar. Da mesma forma, várias etapas da minha vida demonstram que os momentos de tomada de decisão foram sempre alicerçados na busca de algo mais.

Extensão em Conscienciologia e Projeciologia 2 – ECP2

Com as experiências vivenciadas durante o ECP1, propus-me a levar a sério o que havia programado. Por vezes, a falta de maturidade e de equilíbrio emocional dificultava o criticismo e a análise, isto é, uma criteriosa autoavaliação. Reorganizei meu tempo, dedicando maior espaço para o estudo da Conscienciologia e intensifiquei o trabalho das técnicas energéticas.

Acordava de madrugada para realizar essas tarefas. À medida que ia estudando, as respostas e as dúvidas surgiam. Convicta de que não havia mais tempo a perder, resolvi descartar muitas ocupações menos produtivas.

Alguns meses após, recebi o convite para realizar o curso ECP2. Com o intuito de participar desse curso, eu teria que conseguir a liberação de uma semana dos trabalhos da escola.

Para minha surpresa, tudo se encaixou de tal maneira que consegui antecipar horas, procurando substituir colegas de trabalho que tiveram que se afastar das atividades por motivos familiares. Percebi grande auxílio dos amparadores para encontrar soluções aos problemas. Sentia-me impulsionada a usar o máximo de esforço e sinceridade para tirar proveito do curso que iria acontecer

Após dois dias de viagem, acompanhada do casal de amigos que me havia convidado a conhecer a Conscienciologia, chegamos à sede mundial do IIPC, no Rio de Janeiro, de onde partimos, juntamente com os colegas de curso, rumo a Petrópolis, RJ.

Na primeira tarde do curso, durante a energização, passei por uma experiência de desassédio assistido. Após a dinâmica, durante os comentários, muito assustada, relatei o que havia vivenciado.

Enquanto acontecia a energização do grupo, procurei relaxar o máximo. Percebi um forte fluxo energético, passando por todos os chacras, senti-me envolvida de muita energia. O meu soma estava leve, mas aconteciam choques como que agulhadas em algumas partes do corpo. Fiquei mais confiante ao perceber o fluxo de energia envolvendo o holossoma. Durante o campo, tive a experiência de doação de energia, percebi, literalmente, saírem fortes fluidos em forma de jatos de todos os chacras (vórtices de energia), inclusive do palmo e plantochacras (os chacras das mãos e dos pés).

Outra experiência foi a do ectoplasma (energia densa, que emana de algumas pessoas parapsíquicas), que se desprendia igual a fios gelatinosos das minhas narinas e boca. Segundo informação dos professores, eu estava doando energia para as consciexes que estavam sendo assistidas.

Essa foi a primeira experiência, de maneira lúcida, que me fez perceber a possibilidade de auxiliar as pessoas sem crenças ou amuletos. Foi de forma gratuita e libertária. Percebi a energia do campo e das pessoas.

A partir dessa experiência, propus-me a trabalhar com exaustivo esforço a instalação do estado vibracional (EV), com o objetivo de melhorar as minhas energias e de poder prestar assistência de melhor qualidade.

O estado vibracional é a dinamização das próprias energias conscienciais por meio da vontade, promovendo organização, equilíbrio e higidez. Esse fenômeno ocorre quando o corpo começa a entrar em uma espécie de formigamento a partir da aceleração das energias, depois de serem mobilizadas, sucessivamente, da cabeça aos pés e dos pés à cabeça, porém sem qualquer efeito doloroso e nem brusco. É uma experiência pessoal e interna das energias existentes em cada um de nós.

Com as vivências e as informações esclarecedoras, obtive muito material para acelerar a descoberta dos trafores e colocá-los a serviço da interassistencialidade.

Traforismo

Por meio da autopesquisa, cheguei ao traforismo, a condição de dar ênfase aos trafores (traços-fortes, qualidades, virtudes). Ao adotar postura traforista, eu me esforcei para dar mais valor às qualidades e à capacidade de realizar tarefas e de assumir a responsabilidade por minhas ações. Neste sentido, tenho como exemplo a determinação e a vontade que ajudaram, de maneira positiva, a encarar a mudança do meu comportamento, deixando de ser tão dependente das opiniões, ideias e ordens dos outros.

Os trafores, ou traços-força, são as habilidades e os aspectos maduros, os talentos que são capazes de conduzir e impulsionar a nossa evolução. Estes traços são frutos de muitos esforços, desenvolvidos ao longo de muitas vidas. À medida que fui me posicionando e me tornando responsável por minhas ações, eu comecei a sentir mais segurança, e o medo de não agradar ou acertar foi diminuindo.

Durante alguns momentos de minha existência, em especial na infância e na adolescência, priorizava os traços-fardos, ou defeitos, para contar para o padre na confissão e ter algo para melhorar. Isso, porém, começou a não fazer mais sentido quando percebi que muita coisa era inventada. Essa atitude, consequência das crenças e da educação repressora, corroborou para a baixa autoestima, autoculpa e autocorrupção.

Com o aprofundamento do estudo da Conscienciologia, descobri que trabalhar com os trafores, ou seja, o potencial positivo, auxilia a adquirir razoável nível de saúde e equilíbrio holossomático (físico, mental, emocional e energético), permitindo o convívio social sadio.

O *autodomínio holossomático* é o gerenciamento, retidão, sobriedade, expansão e intensificação de atitudes cosmoéticas adequadas ao contexto da manifestação consciencial, seja por meio do soma, do psicossoma, do energossoma ou do mentalsoma, ou ainda de todos ao mesmo tempo, evidenciando invulgaridade e, em alto nível, holomaturidade. Esse equilíbrio melhorou por meio de hábitos hígidos como a prática de uma alimentação saudável, exercícios físicos, horas de sono necessárias, trabalhos energéticos, saúde afetiva, saúde financeira e convívio social harmônico.

Os trafores são os recursos disponíveis para a consciência pôr em prática o seu planejamento realizado durante o período intermissivo, ou seja, para praticar aquilo que ela se propôs realizar ao ressomar. É o comportamento ou a conduta pessoal alicerçada nas qualidades positivas que predominam sobre os traços-fardos ou defeitos. À medida que me empenhei no estudo, realizando a análise de meus trafores, aprendi a deixar de lado posturas autodestrutivas e relacionar-me melhor comigo mesma e com os outros.

Descobri que a autoculpa era um sentimento egoísta que focava na emoção e proporcionava sofrimento, não auxiliando na solução dos problemas. Era preciso usar a meu favor os aspectos positivos para a autossuperação e autoaceitação, por meio da técnica do autoenfrentamento junto com a observância dos pensamentos. Tentei atuar na condição de amparadora de mim mesma em busca da autoaceitação; tornei-me minha amiga e companheira. Muitas vezes olhava-me no espelho e falava para mim palavras-força como: eu vou vencer essa dificuldade, eu tenho capacidade de superar o medo.

Com esse enfrentamento, fui qualificando os pensenes, a intencionalidade e a priorização da cosmoética na aplicação dos objetivos de superação.

Otimizar esse trabalho de autoenfrentamento foi muito proveitoso, e as informações e vivências colhidas durante o curso *Autoprofilaxia através da Autoconsciencioterapia na Prática* e a própria *Consciencioterapia* me auxiliaram.

Foram de grande auxílio os métodos e técnicas pelos quais descobri condições de realizar a autoinvestigação e os autodiagnósticos, oportunizando os autoenfrentamentos e as autossuperações. Efetuei investigação por meio da Inventariologia, na qual listei os trafores e trafares predominantes em todas as fases de minha existência, intrafísica, desde a infância. Por meio desse trabalho, autodiagnostiquei que alguns trafores e trafares eram constantes em todas as etapas de minha vida, outros eu havia trazido de outras existências, e faziam parte de minha paragenética.

Além dos trafores e trafares, listei, em meu inventário, os fatos marcantes, a influência do meio, da cultura e dos valores; os ganhos e perdas consequentes dessas influências; os mata-burros; os indicadores da proéxis.

Na sequência, segue o referido inventário.

INVENTÁRIO

Nascimento: 06 de janeiro de 1942.
Período de 1942 a 1954: Casa paterna.
Tempo: 12 anos – Primeira e segunda infância; início da pré-adolescência.

Fatos Marcantes:

- Acidente na cabeça;
- Recebimento de um presente – o 1º sapato novo;
- Responsabilidade pelos irmãos menores;
- Primeira comunhão; responsabilidade pela casa e refeições da família;
- Nascimento de mais três irmãos e quatro irmãs.

Trafores:

Criatividade; neofilia; disciplina; organização; perseverança; liderança; atenção à necessidade dos outros; motivação; vontade; parapsiquismo e comunicabilidade.

Trafares:

Impulsividade; irritação; complexo de inferioridade; desobediência; agressividade; medo; angústia; intolerância; complexo de culpa; arrogância e perfeccionismo.

Mesologia:

- Região montanhosa (exigia muito esforço físico);
- Riqueza de águas e peixes;
- Terra fértil em biodiversidade;
- Ecossistema de clima tropical e abundância de frutas silvestres;
- Influência germânica que induzia à organização.

Influências positivas da mesologia:

- Assunção de responsabilidades a partir dos três anos (pequenos trabalhos);

- Auxílio nas lidas da casa e da colheita (cebola, batata, alho...), a partir dos quatro anos;
- Valorização do trabalho da terra;
- Organização (colocar brinquedos e objetos em seu devido lugar; pendurar as roupas nos pregos da parede, etc.);
- Respeitar e ouvir os mais velhos;
- Sinceridade (mesmo sabendo que ia ser castigada, dizia a verdade).

Influências negativas da mesologia:

- Dependência;
- Medo das pessoas e de errar;
- Necessidade de agradar (pais e autoridades);
- Agressividade;
- Carência afetiva;
- Não viver a infância;
- Culpa e escrúpulos inculcados pela religião;
- Ignorância;
- Pouca convivência com os irmãos mais velhos.

Mata-burros (obstáculos):

- Misticismo;
- Ignorância;
- Medo.

Indicadores da Proéxis:

- Grande vontade de estudar;
- Assistencialidade;
- Exercício de liderança;
- Auxiliar invisível;
- Desejo de ser professora (ensinar o que aprende);
- Autodeterminação;
- Neofilia;
- Consciência ecológica.

Período de 1954 a 1978: Convento.
Tempo: 24 anos – Pré-adolescência, adolescência, pós-adolescência e parte da adultidade.
26/02/1954 – Ingresso no Convento.

Fatos marcantes:

- Saída da casa paterna;
- Convivência com estranhos;
- Falta de liberdade de ir e vir;
- Ausência de individualidade (sempre em bando);
- Pré-determinação de tudo: o que falar, onde, quando e como;
- Líder da classe;
- Superiora da casa;
- Diretora de escolas e de formaturas;
- Professora do magistério;
- Alimentação deficitária;
- Anemia;
- Queda da árvore, fratura de pernas e costelas;
- Cirurgia das amígdalas;
- Pequenos acidentes;
- Verrugas na pele (sentir-se ameaçada na individualidade, autorrejeição, falta de amor e segurança);
- Problemas do pulmão (desespero, cansaço da vida, preocupações emocionais).

Convém destacar que na época não havia proliferação de agrotóxicos, que poderiam causar alguns desses problemas, na verdade de origem emocional.

Trafores:

Vontade firme; autodeterminação; organização; liderança; assistencialidade; inconformismo; amizade; comunicabilidade e disciplina.

Trafares:

Medo; irritação; autoculpa; autocorrupção, submissão; raiva; automutilação; desconfiança; baixa autoestima.

Mesologia:

- Contato com muitas pessoas;
- Alienação do mundo;
- Chance para estudar;
- Convivência com diferentes culturas e etnias;
- Professoras estrangeiras de origem alemã, italiana, francesa, inglesa, suíça e estadunidense.

Influências positivas da mesologia:

- Organização, disciplina, assiduidade, boa formação escolar com preparo para competência profissional.
- Ampliação de horizontes;
- Desenvolvimento da liderança;
- Convivialidade;
- Criatividade;
- Assunção do magistério com 15 anos de idade;
- Organização e distribuição de tarefas;
- Responsabilidade pelo internato.

Influências negativas da mesologia:

- Dependência às autoridades;
- Negação própria;
- Baixa autoestima;
- Repressão emocional e sexual;
- Soma debilitado (várias patologias);
- Deixar-se influenciar (crença de que as coisas iriam melhorar no convento);
- Não vivência da adolescência e juventude;
- Aceitação de tudo como verdade absoluta.

Mata-burros (obstáculos):

- Crenças;
- Medo do desconhecido (prisão ao convento);
- Deixar-se influenciar.

Indicadores da proéxis:

- Neofilia;
- Assistencialidade;
- Escolha do magistério;
- Parapsiquismo;
- Insatisfação (vazio existencial);
- Noção de amparo.

Período de 1978 a 1995: Fases das buscas.
Tempo: 17 anos – Adultez.
Fase de esclarecimento, satisfação e entusiasmo.

Fatos marcantes:

- Pedido de demissão da vida religiosa;
- Saída do convento;
- Volta à casa paterna e relativa aceitação da saída do convento pela família;
- Início dos trabalhos com crianças carentes (ONG Alfa Gente);
- Pancreatite (tratamento com acupuntura e antroposofismo);
- Trabalho junto às mulheres dos pescadores;
- Transferência para Torres – RS;
- Convite para integrar a Comissão Pastoral da Terra (CPT);
- Formação de grupos de mulheres agricultoras;
- Assessoria e participação nos grupos de jovens ecologistas.
- Pesquisa de plantas medicinais;
- Formação holística internacional (UNIPAZ).

Trafores:

Neofilia; força de vontade; desprendimento; abertismo consciencial; assistencialidade.

Trafares:

Hiperatividade ("abraçar" o mundo com braços e pernas: recuperar o tempo perdido); "buscadora borboleta"; presa ao sistema nervoso e adrenalina; *stress* frequente; buscar respostas pelo misticismo ("juntava lenha para qualquer fogueira", contanto que me ajudasse na libertação).

Mesologia:

- Oportunidade de viver em várias localidades;
- Real visão do mundo;
- Liberdade de escolhas e expressão.

Influências positivas da mesologia:

- Autoafirmação;
- Opinião própria;
- Liberdade de ir e vir;
- Partilhar os aprendizados;
- Privacidade (ter o meu espaço);
- Manifestar meus sentimentos;
- Dar e receber afeto (abraçar, beijar e namorar);
- Ser e ter amigos.

Influências negativas da mesologia:

- Necessidade de mestres e gurus;
- Abraçar tudo sem se fixar em nada;
- Não ter metas claras;
- Imaturidade.

Mata-burros (obstáculos):

- Insegurança;
- Falta de discernimento;
- Dispersividade.

Indicadores da proéxis:

- Neofilia;
- Assistencialidade;

- Voluntariado;
- Tarefa do esclarecimento;
- Insatisfação (busca de algo melhor);
- Parapsiquismo (clariaudiência e clarividência).

Período de 1995 aos dias atuais.
Fase consciencial: desafio da proéxis.
Tempo (Ano-base 2013): 18 anos.
Adultidade, meia idade, terceira idade.

Fatos marcantes:

- Encontro com a Projeciologia e a Conscienciologia;
- Descoberta do paradigma consciencial;
- Formação da dupla evolutiva (reconhecida por meio de projeção lúcida);
- Participação na função de recepcionista, no Fórum de Investigação da Conscienciologia em Barcelona, Espanha, em 1999;
- Primeiro ECP1: grande autoenfrentamento, cair de máscaras;
- Primeiro ECP2: desbloqueio dos chacras / muita assistência;
- Desrepressão sexual;
- Assunção da coordenação da unidade IIPC em Torres;
- Dessoma do pai, da mãe e de um irmão;
- Cirurgia da coluna (fato que oportunizou a técnica da "Imobilidade Física Vígil"; impossibilidade de trabalhar);
- Aposentadoria;
- Início da Tenepes em 2002;
- Projeção lúcida (durante um campo profilático) com reconciliação com uma consciex;
- Recuperação de *cons,* unidades de lucidez consciencial (durante o curso da inversão existencial).
- Estudo do idioma inglês.

Trafores:

Neofilia; autodeterminação; poliglotismo; abertismo; assistencialidade; tares; voluntariado; otimismo; organização; convivialidade; criatividade; posicionamento.

Trafares:

Autocorrupção; receio de exposição; perfeccionismo; hiperatividade; submissão; impulsividade; imaturidade consciencial; ingenuidade.

Mesologia:

- Grande potencial energético (energias imanentes provindas do mar e das montanhas);
- Riqueza da biodiversidade nos parques (abundância de fauna e flora);
- Centro de educação ambiental (assessoria a grupos, ONGs, escolas);
- Consumidores conscientes;
- Religiosidade arcaica impondo seus princípios morais;
- Preocupação voltada para o Turismo;
- Internacionalização provocada pelo fluxo turístico (vários idiomas, culturas e nacionalidades);
- Convivialidade diária criando oportunidade de conhecimento de trafores e trafares dos moradores de Torres e região;
- Torres é uma cidade "bipolar" com momentos de grande *agito* e prosperidade econômica e momentos de calmaria e carência econômica, levando ao desânimo e à depressão.

Influências positivas da mesologia:

- Demarcar força presencial positiva;
- Necessidade de estudar outros idiomas;
- Desenvolver o parapsiquismo e a assistencialidade;
- Voluntariado e tares;
- Não me deixar influenciar.

Influências negativas da mesologia:

- Dificuldade de encontrar pessoas interessadas em formar grupos de estudo e pesquisa;
- Individualismo.

Mata-burros (obstáculos):

- Imaturidade;
- Falta de lucidez;
- Emocionalismo.

Indicadores da proéxis:

- Assistencialidade;
- Neofilia;
- Voluntariado;
- Parapsiquismo;
- Persistência (buscar evoluir mesmo no contrafluxo);
- Tarefa do esclarecimento;
- Satisfação íntima (por sentir estar no caminho certo).

Prioridades evolutivas

Concluído esse levantamento, estabeleci a ordem das prioridades a serem enfrentadas. Ancorada nos trafores, tracei as metas viáveis a curto, médio e longo prazo.

As autoprescrições para a autossuperação iniciaram pelas pequenas ações, escolhendo um traço pessoal patológico, autodescoberto, evitando a procrastinação e a fuga de mim mesma.

E agora? Por onde começar?

Trafor – responsabilidade;

Trafar – autoculpa e autovitimização.

Por vezes, eu mesma me julgava "a" incapaz, aquela que não tem condições de enfrentar, pusilânime; achava-me merecedora do fracasso, usando um mecanismo de defesa. Descobri que todo maltrato que eu havia aplicado ao meu corpo (no convento, a tortura física, após a saída, o trabalho excessivo) era um desprezo inconsciente a mim mesma e também um mecanismo de autodefesa para sobreviver e seguir em frente.

Para trabalhar esse traço, propus-me a adotar um comportamento mais compreensivo comigo mesma, toda vez que surgissem situações ou circunstâncias em que ocorressem falhas ou erros – envolvendo não só a mim, mas também a outras pessoas – que provocassem ingratidões, críticas infundadas ou atitudes mal-intencionadas. Conversava comigo mesma a respeito – "Se errei, eu vou assumir. Nada impede que peça desculpas e conserte o erro".

Com essa postura, abria-se espaço para tomar um *fôlego* e assim criar condições de avaliar, com iniciativa pacifista e racionalidade, o fato ocorrido.

Este autoconfronto constante me auxiliou muito a vencer as dificuldades provocadas nessas situações. O trabalho com o estado vibracional me auxiliou muito a perceber que o mal-estar que muitas vezes provocava a vitimização não era meu e nem das outras pessoas, e sim das consciexes carentes ou assediadoras que provocavam a intrusão de ideias doentias, emoções e energias patológicas de uma consciência na outra. Tal intrusão ocorre de quatro maneiras distintas: de uma consciência extrafísica para outra consciência também extrafísica; de uma consciência extrafísica para outra intrafísica; de consciência intrafísica para outra igualmente intrafísica; de consciência intrafísica para a extrafísica (mais raro).

O assédio intraconsciencial é a doença, ou distúrbio, mais comum aos seres humanos. Incide mais sobre os nossos cérebros do que as cáries em nossos dentes. E seus efeitos doentios são muito piores, os mais prolongados e devastadores de todos os distúrbios e patologias existentes.

Cheguei à conclusão de que é preciso muita atenção, responsabilidade e sinceridade na autopesquisa, intra e extrafísica, para que o entendimento não se torne somente teoria, mas prática no dia a dia. Do contrário, será alimentado outro trafar que é a autocorrupção, em que as pessoas buscam justificativas para provar que os problemas são os outros ou até as consciexes. Inicialmente, tive muita dificuldade em me relacionar com o extrafísico, devido ao medo das consciexes, à falta de lucidez, à obnubilação das inculcações religiosas, que foram superadas à medida que ocorreram a recuperação de cons e o investimento na autopesquisa.

Mediante um maior discernimento, comecei a cuidar mais de mim mesma, não me cobrando tanto, sendo mais compreensiva comigo, respeitando meus próprios limites e me preparando para uma assistência mais qualificada. Essa foi uma laboriosa, mas produtiva, etapa que resultou em um posicionamento íntimo de mudança de pensenes. O emprego do megatrafor (trafor máximo) "determinação" foi o que me auxiliou nessa fase, a forte inclinação a persistir na mudança a que havia me proposto.

À medida que fui me acolhendo e me autocompreendendo, percebi que os relacionamentos e as amizades físicas e extrafísicas foram melhorando. O processo de autorreconciliação proporcionou a cura e um desassédio que me fez amadurecer a ideia e tomar a decisão, já mencionada, de abandonar todas as ideias ligadas às políticas vigentes e, especialmente, à religião e investir em minha evolução.

Descartei toda a influência e o respaldo das duas superpotências dominantes – a política e a religião – que forneciam o *staff* energético que me transformaram em uma ativista bem-sucedida.

Propus-me à autonomia e ao investimento no esforço pessoal para melhorar a inteligência evolutiva, a fim de superar a falaciosa, demagógica e imatura terceirização de minhas escolhas e ações.

Realizando esse trabalho, adquiri melhor autocompreensão, o que auxiliou na diminuição dos conflitos e inquietações relativos ao passado, influenciando o presente.

Para a escrita deste livro, percorri, novamente, passo a passo, palmo a palmo, minha vida nesta existência: a família que me acolheu, o grupocarma, as localidades e as pessoas onde e com quem convivi e atuei até o presente momento.

Considero essa autopesquisa uma das maiores oportunidades para reciclar e realizar a *autocura pela reconciliação* comigo mesma e com todos que encontrei – *"Não basta perdoar, compreender, é preciso assistir"* (BALONA, 2003, p. 119).

Com essa postura e auxílio do amparo, dispus-me a buscar o enfrentamento, o autodiscernimento, a superação das crises e a cura das patologias multiexistenciais para fazer assistência.

Deixar de errar é impossível, porém ter vontade firme e querer acertar é fundamental. Os próprios erros podem servir de estímulo para acertar cada vez mais, o que significa que podemos sempre fazer uma reciclagem existencial, processo de vivência evolutiva avançada, bancado com maturidade e cosmoética pela consciência, para devolver ou retribuir os investimentos intra e extrafísicos recebidos do Cosmos em sua vida. O universalismo não delimita fronteiras nem faz segregações de espécie alguma.

Curso Intermissivo

Após a dessoma, a consciência passa pelo período intermissivo, que é o espaço de tempo entre uma vida e outra. Dependendo do nível evolutivo, a consciência frequenta um curso teórico e prático de proéxis, ou seja, programação existencial, orientada pelas consciências mais evoluídas, chamadas de orientadores evolutivos. A finalidade desse curso é alcançar, além de melhores resultados de lucidez, a completude existencial na próxima existência intrafísica. O currículo dessa programação é organizado a partir da proéxis individual e grupal, alicerçado nos trafores e trafares das consciências.

Para superar traços imaturos, são formuladas metas evolutivas e ajustes a favor da consciência para a próxima vida intrafísica. Convém lembrar que a consciência é herdeira de si mesma e não vem sozinha para esta dimensão, mas, sim, em grupo.

Consciências com afinidade e comprometidas para realizar uma tarefa grupal se unem. Por isso, se um integrante desse grupo falha, pode comprometer a realização da missão conjunta. O companheirismo e a lealdade são traços indispensáveis para que aconteça o sucesso. O que pode ocorrer é uma consciência estar perdida, deslocada e fora do roteiro da programação existencial escolhida para o grupo e para ela própria. Foi esse ajuste cármico que provocou as crises existenciais, as depressões e situações de mal-estar pelas quais passei. A constatação de estar passando pela vida sem compreender qual seria realmente a minha proéxis não me impediu de continuar a buscar. Desde criança eu tinha a certeza de que teria que ajudar as outras pessoas. Este é um dos indícios de que eu tenha participado do Curso Intermissivo com o compromisso da interassistencialidade e da tares por sempre estar preocupada a ensinar os outros.

Existem disciplinas básicas que compõem o currículo do Curso Intermissivo, por exemplo, serialidade e holossomática. Outros temas estudados são a bioenergética, a futura profissão e os projetos de pesquisa que poderão ser desenvolvidos. A proéxis para cada vida, tanto grupal quanto individual, é planejada considerando o passado, mesmo com raízes longínquas, e as programações futuras.

Sob o enfoque do paradigma consciencial, podemos admitir a hipótese de que muitos dos avanços científicos da humanidade são frutos de ensaios de vidas anteriores e de reprogramações, obtidas durante o Curso Intermissivo, passíveis de serem continuadas nesta e em muitas outras existências.

Parapsiquismo e Tenepes

O parapsiquismo é um fato, ou um acontecimento, estudado e explicado cientificamente, realizado além dos cinco sentidos físicos do corpo humano. Compõem a vivência parapsíquica os fenômenos paranormais: mediunidade, sensitividade, nos quais são utilizadas as energias para o intercâmbio entre as consciências nessa e em outra dimensão. Este fenômeno é inerente a todo ser humano e, por isso, deve ser visto como algo normal, sem mistificações. Desde a infância eu apresentava a capacidade de perceber acontecimentos antes de serem anunciados. Este fenômeno denomina-se precognição.

As pesquisas baseadas nos tratados da Conscienciologia a respeito do parapsiquismo têm como finalidade desmistificar e esclarecer permitindo a superação do medo, de fraudes e enganos.

As energias em volta influenciam as pessoas o tempo todo, independente do indivíduo conseguir percebê-las ou não. Muitas vezes, entrando em contato com pessoas, animais, locais ou até objetos, mudamos de sentimento, desde a alegria, a tristeza, o sufoco e até a disposição ou a indisposição física e mental. Sentir-se energizado, com muita vitalidade e bem-estar, perceber o corpo vibrante também pode ser consequência das energias que impregnam os ambientes, as pessoas e os objetos.

As sinaléticas parapsíquicas, em muitas situações, auxiliam as percepções das interações que ocorrem. Para melhor conhecimento das sinaléticas, é necessária muita atenção, acuidade na observação e autopesquisa; por exemplo: a pressão em certa região da cabeça ou outra parte qualquer do corpo pode estar relacionada à presença do amparador ou do assediador. Uma pressão forte na nuca pode denunciar a presença de uma consciex patológica necessitada de assistência.

Por meio do desenvolvimento da capacidade parapsíquica, podemos desvendar e acessar a realidade da multidimensionalidade. Ao participar de várias técnicas em campos projetivos, passei por experiências parapsíquicas que auxiliaram a esclarecer dúvidas a respeito de sinaléticas que me acompanham desde a infância.

Um dos usos do parapsiquismo é a *tenepes,* uma técnica assistencial parapsíquica realizada diariamente pelo resto da vida, em horário fixo, definido pelo tenepessista, com o auxílio do amparador. Além do parapsiquismo, é necessário, para essa prática, o domínio da autodefesa energética alcançada, por meio do estado vibracional; a disponibilidade íntima para realizar assistência, mantendo pensenes hígidos; a resolução da questão econômico-financeira e afetivo-sexual. Para praticar a tenepes, é preciso possuir base física fixa para a prática diária, em ambiente onde se possa permanecer por uma hora, em isolamento.

Auxiliado pelos amparadores, o praticante da tenepes se mantém diariamente conectado com a sua real procedência extrafísica. A prática da tenepes é uma forma de ajuda a distância, em que a consciência permanece no anonimato.

Engajada nesse compromisso diário, venho desenvolvendo a técnica assistencial da tenepes desde o ano de 2002. Considero essa prática insubstituível, prazerosa, apesar da complexidade e da necessidade de um grande empenho diário investido na autopensenidade sadia.

Outro fator positivo da tenepes é o de ser um laboratório de orientação à autopesquisa. Foi a partir dessa prática diária que amadureceu a ideia da escrita deste livro. O desafio da produção desta obra não tem a intenção de convencer ninguém, e sim de contribuir com o exemplarismo e o esclarecimento por meio das minhas experiências, e provar que é possível sair da situação de autovitimização para a condição de ser dona do próprio destino e investir na assistencialidade. O presente livro é resultado de autopesquisa com bases no autoenfrentamento, focado na reconciliação, na assistencialidade e no esclarecimento.

Contribuição da Conscienciologia na reciclagem consciencial

As experiências da vida cheia de inquietudes, levaram-me a buscar um novo patamar evolutivo ao conhecer a Conscienciologia. Por meio das novas ideias, obtive respostas que há muito procurava. Os esclarecimentos dos cursos, as técnicas, os estudos e as autopesquisas auxiliaram-me na avaliação de uma trajetória com valores muito arraigados.

O valor religioso da assistencialidade, enraizada no princípio de crenças e emocionalismos, deu lugar a uma assistência mais racional e universalista. Sentia compaixão pelas pessoas e as consolava, ajudando com coisas materiais, suprindo a necessidade do momento.

Porém, mediante a visão conscienciológica, descobri que estava criando muita dependência sem promover o autodesenvolvimento.

O esclarecimento assistencial, realizado por intermédio da *tares,* é uma tarefa que vem após a consolação. Realizei a consolação por tempo demais na minha vida. A tares é bem menos simpática que a consolação.

A tares, na maioria das vezes, não traz aplausos nem reconhecimento. Por meio da tares, propus-me à autocrítica de maneira prática e objetiva, o que deu início ao processo de mudanças íntimas. Foi preciso superar o passado sem emocionalismo, dependências de gurus, mestres ou sacralizações, rezas e siglas partidárias.

Mediante essa forma de pensar, procurei mudar a conduta de convencimento e infantilismo para uma postura mais flexível, humanitária e assistencial. Tornei-me mais atenta às minhas atitudes, mais reflexiva e menos eloquente.

O salvacionismo e a lavagem cerebral foram outras questões que percebi serem uma grande ilusão. Descobri que, tanto no âmbito do movimento popular quanto do religioso e político, eu denotava traços de justiceira e de pessoa autoritária. Essas atitudes, além de serem autoenganos, eram formas estratégicas para manipular os ouvintes. Isto é, usava de uma tática refinada de convencimento das pessoas a respeito de ideias, crenças de instituições, tanto religiosas quanto políticas, seguindo fielmente as diretrizes e normas ditadas, sem condições de assumir as consequências de tal atitude, pois sempre falava em *"nome de"*.

Por meio da visão consciencial e com o auxílio do amparador, da força de vontade, da criatividade, do altruísmo e da assistencialidade, que considero traços-força, estou me empenhando para reciclar minha vida, isto é, por meio do *reaprender* das verdades relativas de ponta, o que jamais conseguiria na religião, que visa somente repetir as suas verdades absolutas.

Hoje, as inquietudes e conflitos são menores, e me sinto contente por ter encontrado maior equilíbrio emocional e autoconfiança, resultado da autopesquisa. Mediante o trabalho com as energias, estou conseguindo melhorar a saúde física, mental e emocional, revertendo situações críticas.

A reciclagem existencial me levou a dar um novo rumo para a minha vida. Na condição de minipeça, minha responsabilidade é única e intransferível. Apesar de vivermos em conjunto, cada um é responsável por si. As atitudes ajudam ou atrapalham a evolução uns dos outros, pois só se evolui em grupo. O Cosmos vem a nosso favor quando procuramos evoluir grupalmente.

O que importa é acertar o passo, assistir a todos e não ter medo de errar.

A própria escrita deste livro, relatando as experiências de erros e acertos, foi a melhor forma que encontrei para esclarecer e assistir a todas as consciências intra e extrafísicas com quem me relaciono. O passado nos ensina.

CAPÍTULO 11

REFLEXÃO FINAL

Concluir este livro é como fazer uma revisão das sete décadas de minha existência neste planeta. Foi mais um ensaio da minha capacidade de autossuperação. Na verdade, a linha mestra que direciona todas as etapas deste relato é a necessidade de assistir e de auxiliar as pessoas.

A experiência pessoal anteriormente vivida é insubstituível e inalterável. Mesmo querendo, jamais poderemos voltar ao passado com o objetivo de refazer algo.

O passado sugeriu pistas que apontam para os aspectos a serem trabalhados daqui para frente. Resta, agora, lembrar que, diante dos compromissos assumidos durante o Curso Intermissivo e da minha proéxis, a responsabilidade de evoluir é minha. Propus fazer minha parte.

Ao dedicar este livro ao leitor ou leitora aplico-o, em primeiro lugar a mim, ciente do autorrevezamento consciencial, ou seja, uma condição avançada em que a consciência evolui entrosando uma existência intrafísica com outra, consecutivamente (proéxis vinculadas) ao modo dos elos de uma cadeia (seriéxis), dentro do seu ciclo multiexistencial (holobiografia). Torna-se oportuno registrar que a descoberta da verdadeira procedência extrafísica, da existência da multidimensionalidade, foi um dos passos fundamentais que promoveram a minha mudança existencial.

As tarefas do esclarecimento, do investimento no parapsiquismo, na assistencialidade e na autocrítica, são motivos de bem-estar, que proporcionam muitos momentos de alegria e satisfação íntima, ao sentir a certeza de estar trilhando, finalmente, o caminho certo.

Mudei os valores pessoais e o paradigma, abandonei um modelo centrado na fisicalidade e nas crenças, para atuar no paradigma consciencial, que me auxiliou a ter autoconsciencialidade, comprovando as teorias pela autoexperimentação. Essa constatação poderá ser alcançada por qualquer pessoa; o importante é que aconteça uma comprovação por meio de uma criteriosa autopesquisa. E, igual a mim, após ler este livro, sugiro ao leitor que

Não acredite em nada,
tenha você mesmo
a sua experiência.

GLOSSÁRIO

Amparador – Consciex auxiliadora de uma conscin ou de várias conscins; benfeitor extrafísico. Expressões equivalentes, arcaicas, desgastadas e envilecidas pelo emprego continuado: anjo de guarda; anjo guardião; anjo de luz; guia; mentor.

Animismo (latim: *animus*, alma) – Conjunto de fenômenos intra e extracorpóreos produzidos pela conscin, sem interferências externas, como, por exemplo, o fenômeno da projeção consciente induzida pela própria vontade.

Assedialidade – Intrusão pensênica interconsciencial, doentia. Expressão equivalente, anacrônica: obsessão.

Assimilação simpática – Ato de absorver temporariamente as energias conscienciais (ECs) de outrem e examinar as condições físicas, energéticas e emocionais, não raro com a decodificação espontânea de um conjunto de pensenes de outra ou até mesmo de outras consciências.

Ataque energívoro – Ato de uma consciência intrusiva abordar negativamente outra consciência, de modo voluntário ou inconsciente, com o objetivo de nutrir-se das energias conscienciais do outro.

Autodiscernimentologia – Estudo do *autodiscernimento,* capacidade de a consciência aplicar a si sua criticidade máxima, sem distorção da realidade íntima.

Autominese existencial – Imitação, por parte da conscin, das próprias vivências ou experiências passadas, seja do renascimento intrafísico atual ou de existências anteriores.

Autorrevezamento consciencial – Condição avançada em que a consciência evolui entrosando uma existência intrafísica com outra, consecutivamente (proéxis vinculadas), ao modo dos elos de uma cadeia (seriéxis), dentro do seu ciclo multiexistencial (holobiografia).

Autorreconciliação – A autorreconciliação ou a *catarse emocional* é a liberação de tensões emocionais reprimidas por meio do processo de resignificação dos registros mnemônicos de vivências imaturas, patológicas e anticosmoéticas, desencadeado por estímulos assistenciais catárticos de origem energossomática, mentalsomática ou projeciológica.

Bibliofilia – Qualidade de quem tem gosto pela leitura e pelos livros, especialmente os raros e de valor cultural.

Chacra – Núcleo ou campo limitador de energia consciencial, cujo conjunto constitui basicamente o holograma, – paracorpo energético dentro do *soma* –, fazendo a junção com o *psicossoma,* atuando como ponto de conexão pelo qual a energia consciencial flui de um veículo consciencial para outro. São identificados 7 chacras principais: coronochacra, frontochacra, laringochacra, cardiochacra, esplenicochacra, umbilicochacra e sexochacra.

Ciclo multiexistencial – Sistema ou condição de alternância contínua, em nosso nível evolutivo médio, de um período de renascimento intrafísico (seriéxis) com outro período pós-desativação somática, extrafísico, ou intermissão.

Compléxis (comple + exis) – Condição da completude existencial da proéxis da consciência humana.

Conscienciograma – Planilha técnica das medidas avaliativas do nível de evolução da consciência; megateste consciencial que tem por modelo o *Homo sapiens serenissimus,* responsável por uma conta corrente egocármica positiva. Instrumento básico empregado nos testes conscienciométricos.

Consciencioterapia – Especialidade que estuda o tratamento, alívio ou remissão de distúrbios da consciência, executados por meio dos recursos e técnicas derivados da Conscienciologia.

Consciex (consci + ex) – Conciência extrafísica. Consciência que desativou o soma.

Cosmoética (cosmo + ética) – Ética ou reflexão sobre a moral cósmica, multidimensional, que define a holomaturidade, situada além da moral social, intrafísica, ou que se apresenta sob qualquer rótulo humano.

Curso Intermissivo – Conjunto de disciplinas e experiências teóricas e práticas administradas à consciex, no período entre uma vida e outra, visando o planjamento da próxima vida intrafísica.

Desassédio – Assistência promovida pelo desacoplamento de padrões pensênicos perturbadores impostos ou vindicados pelas consciências enfermas, por autopatopensenes ou influências de holopensenes doentios na pensenosfera da consciência assediada.

Desperticidade – Qualidade consciencial do ser desassediado, permanente e total (DESPERTO), que não sofre intrusões pensênicas.

Dupla evolutiva – Duas consciências que interagem positivamente em evolução conjunta; condição existencial de evolutividade intercooperativa a dois.

Ectoplasma – Substância híbrida, onímoda, sensível, espécie de bioenergia densa composta pela união do protoplasma celular com as energias conscienciais emanadas por todos os poros e orifícios naturais do corpo físico da conscin sensitiva ectoplasta, manipulada pelo subconsciente ou através de consciexes, desconhecida para a ciência materialista e diretamente relacionada com a produção de fenômenos parapsíquicos de efeitos físicos.

Egocarma (ego + carma) – Princípio de causa e efeito, atuante na evolução da consciência, quando centrado exclusivamente no ego em si. Estado do livre-arbítrio preso ao egocentrismo infantil.

Energia consciencial (EC) – A energia imanente que a consciência emprega em suas manifestações em geral; o ene de pensene.

Epicon (epi + con) – Epicentro consciencial; conscin-chave do epicentrismo operacional, que se soma a um fulcro de lucidez, assistencialidade e construtividade interdimensional. Tem relação direta com a tenepes ou a tarefa energética pessoal.

Estado vibracional (EV) – Condição técnica de dinamização máxima das energias do energossoma, por meio da impulsão da vontade.

Evoluciólogo – Consciência coadjutora da coordenação inteligente da proéxis (programação existencial) ou da evolução consciencial de uma ou mais consciências, do mesmo grupocarma. Expressão mais adequada do que orientador evolutivo.

Extrafísico – Relativo ao que está fora ou além do estado intrafísico ou humano; estado consciencial menos físico do que o soma.

Gestação consciencial – Produtividade evolutiva, útil, da consciência humana, centrada na execução de *obras de fraternidade* vivida, de ideias renovadoras e libertárias, dentro do quadro pessoal da sua proéxis.

Grupocarma (grupo + carma) – princípio de causa e efeito, atuante na evolução da consciência, quando centrado no grupo evolutivo. Estado do livre-arbítrio individual, quando ligado ao grupo evolutivo.

Holobiografia – Registro da totalidade das vidas intrafísicas, representando o acervo de experiências ou bagagem evolutiva da consciência.

Holocarma (holo + carma) – Reunião dos 3 tipos de ações e reações conscienciais – egocarma, grupocarma e policarma – dentro dos princípios de causa e efeito, atuantes na evolução da consciência.

Holopensene (holo + pen + sen + ene) – Conjunto de pensamentos, sentimentos e energias manifestados de modo integrado pela consciência.

Holossoma (holo + soma) – Conjunto de veículos de manifestação da consciência: soma, energossoma, psicossoma e mentalsoma.

Intermissão – Período extrafísico da consciência entre duas vidas, ou duas seriéxis pessoais.

Intermissão pré-somática – Período extrafísico da consciência anterior ao seu renascimento intrafísico.

Interprisão grupocármica – Condição da inseparabilidade grupocármica do princípio consciencial evolutivo, ou consciência.

Intraconsciencialidade – Qualidade das manifestações específicas da intimidade da consciência.

Interassistencialidade – É a vivência da assistência interconsciencial, mútua, fundamentada notadamente na reeducação por intermédio da tarefa do esclarecimento (tares), da inteligência evolutiva (IE), da cosmoética, da policarmalidade e no princípio cósmico de "quem é menos doente assiste ao mais doente".

Invéxis – Planejamento técnico, máximo para a vida intrafísica a que a conscin pode se propor, fundamentada na Conscienciologia e Projeciologia, sem influências doutrinárias, sectárias, inculcadoras, místicas, ou mesmo das ciências acadêmicas, convencionais e mecanicistas.

Multiexistencialidade – Sistema ou condição de alternância contínua, em nosso nível evolutivo médio, de um período de renascimento intrafísico (seriéxis) com outro período pós-desativação somática, extrafísico ou a intermissão.

Neofilia – Adaptação fácil da conscin às situações, coisas e acontecimentos novos. Oposto de neofobia.

Opus Dei – (em latim: *Obra de Deus*) é uma instituição dogmática, lavadora de cérebros, braço hierárquico da Igreja Católica, fundada no dia 2 de outubro de 1928 por São Josemaría Escrivá de Balaguer. É uma prelazia pessoal, formada por leigos, casados, solteiros, religiosos e sacerdotes, com a finalidade participar da missão evangelizadora da Igreja para difundir a vida cristã no mundo, no trabalho e na família. É uma chamada universal à santidade e o valor santificador do trabalho quotidiano.

Orientador Evolutivo – Consciência coadjutora da coordenação inteligente da proéxis, ou da evolução consciencial de uma ou mais consciências do mesmo grupocarma. Condição evolutiva entre o ser desperto e o Serenão.

Paradigma consciencial – Teoria-líder da Conscienciologia fundamentada na própria consciência.

Paragenética – A genética adstrita às heranças da consciência, através do psicossoma, da vida anterior ao embrião humano.

Pensene (pen + sen + ene) – Unidade de manifestação prática da consciência, segundo a Conscienciologia, que considera o pensamento ou ideia (concepção), o sentimento ou a emoção, e a EC (energia consciencial) em conjunto, de modo indissociável.

Precognição (Latim: pré, antes; cognoscere, conhecer) extrafísica – Faculdade perceptiva pela qual a consciência, plenamente projetada para fora do corpo humano, fica conhecendo fatos vindouros, inclusive objetos, cenas e forma distantes, no tempo futuro.

Proéxis (pro + exis) – Programação existencial específica de cada conscin em sua seriéxis.

Projeção consciente (PC) – Projeção da conscin para além do soma; experiência extracorpórea.

Projeção consciente assistida – Aquela pela qual a conscin vê-se assistida durante o experimento, de modo direto, por um amparador, quase sempre perito em projetabilidade lúcida (PL).

Recéxis (rec + exis) – Técnica da reciclagem existencial executada pela consciência humana.

Reciclante existencial – Conscin que se dispõe a executar a recéxis.

Recin (reci + in) – A reciclagem intrafísica, existencial, intraconsciencial ou a renovação cerebral da conscin através da criação de novas sinapses ou conexões interneuroniais capazes de permitir o ajuste da proéxis, a execução da recéxis, a invéxis, a aquisição de ideias novas, os neopensenes, os hiperpensenes e as outras conquistas neofílicas da conciência humana automotivada.

Retrocognição (Latim: retro, atrás; cognoscere, conhecer) – Faculdade perceptiva pela qual a conscin fica conhecendo fatos, cenas, formas, objetos, sucessos e vivências pertencentes ao tempo passado distante, comumente relacionados com a sua holomemória.

Serialidade – Qualidade da consciência sujeita às seriéxis.

Sinalética parapsíquica – Existência, identificação e emprego autoconsciente dos sinais energéticos, anímicos, parapsíquicos e personalíssimos que toda conscin possui.

Soma – Corpo humano; o corpo do indivíduo do reino animal, filo *Cordata,* classe *Mamíferos,* ordem *Primatas,* família *Hominídia,* gênero *Homo,* espécie *Homo sapiens,* o mais elevado nível de animal sobre este Planeta; apesar disso, o veículo mais rústico do holossoma da consciência humana.

Tacon (ta + con) – Tarefa da consolação, assistencial, pessoal ou grupal, primária.

Tares (tar + es) – Tarefa do esclarecimento, assistencial, pessoal ou grupal, avançada. Plural: tarefas do esclarecimento.

Tenepes (t + enes + pes) – Tarefa energética pessoal diária, multidimensional, com assistência permanente de amparadores, a longo prazo ou para o restante da vida intrafísica. Expressão popular: passes-para-o-escuro.

Trafar (tra + far) – traço-fardo da personalidade da conscin; componente positivo da estrutura do microunivervo consciencial que a consciência ainda não consegue alijar de si ou desvencilhar-se até o momento.

Trafor (tra + for) – Traço-força da personalidade da conscin; componente positivo da estrutura do microuniverso conciencial que impulsiona a evolução da consciência.

BIBLIOGRAFIA GERAL

Bach, Richard; ***A História de Fernão Capelo Gaivota;*** *Nórdica;* Rio de Janeiro, RJ; 1970.

Balzarra, Carlos; ***O que é Teologia da Libertação;*** *Edições Paulinas;* São Paulo, SP; 1987.

Bigo, Pierre; ***Fé Cristã e Compromisso Social;*** *Edições Paulinas;* São Paulo, SP; 1981.

Bolzan, Nelson; ***La América Dei Sogni;*** *Alcance;* Porto Alegre, RS; 1997.

Bourdieu, Pierre; ***Escritos de Educação;*** *Vozes;* 1998.

Carvalho, Isabel Cristina de Maura; ***A Invenção Ecológica;*** *UFRGS;* Porto Alegre, RS; 2008.

Chaboussou, de Francis; ***Trofobiose;*** *Gaia;* Porto Alegre, RS; 1995.

Claret, Martin; ***O Poder do Autoconhecimento;*** *Martin Claret;* São Paulo, SP; 1997.

Colborn, Theo; **Dumanoski,** Dianne; & **Myers,** John Peterson; ***O Futuro Roubado;*** *L & PM Editores;* Porto Alegre, RS; 1997.

Cornell, Joseph; ***A Alegria de Aprender com a Natureza;*** *Senac;* São Paulo, SP; 1995.

De Masi, Domenico; ***As Palavras do Tempo;*** *José Olympio;* Rio de Janeiro, RJ; 2001.

Dean, Amy E.; ***Um Sentido Para a Vida;*** *Best Seller;* São Paulo, SP; 1992.

Donnell, Ken O'; ***Caminhos;*** *Gente;* São Paulo, SP; 1952.

Druon, Maurice; ***O Menino do Dedo Verde;*** *José Olympio;* Rio de Janeiro, RJ; 1980.

Dyer, Dr.Wayne W.; ***Seus Pontos Fracos;*** *Nova Era;* 31ª ed.; Rio de Janeiro; 2010.

Felipe, Vilberto A.; ***Iniciação ao Naturismo;*** *Ground;* São Paulo, SP; 1989.

Fernández, Alicia; ***A Mulher Escondida na Professora;*** *Artes Médicas;* Porto Alegre, RS; 1994.

Freire, Paulo; ***Pedagogia do Oprimido;*** *Paz e Terra;* São Paulo, SP; 1993.

Idem; ***Conscientização;*** *Cortez;* São Paulo, SP; 1979.

Idem; ***Vivendo e Aprendendo;*** *Brasiliense;* São Paulo, SP; 1980.

Friedlander, John; ***Harmonia Psíquica;*** *Pensamento;* São Paulo, SP; 1994.

Gebara, Ivone; ***Levanta-te e Anda;*** *Edições Paulinas;* São Paulo, SP; 1989.

Gnaccarini, José Cézar; ***Latifúndio e Proletariado;*** *Pelis;* Petrópolis, RJ; 1980.

Hollanda, Aurélio Buarque de; ***Novo Dicionário da Língua Portuguesa;*** *Nova Fronteira;* RJ; 1986.

Houaiss, Antônio; **Villar,** Mauro de Salles; & **Franco,** Francisco Manoel de Mello; ***Dicionário Houaiss da Língua Portuguesa;*** *Objetiva;* Rio de janeiro, RJ; 2001.

Ken, Keyes Jr.; ***Guia Para Uma Consciência Superior;*** *Pensamento;* São Paulo, SP; 1997.

Krishnamurti, J.; ***A Educação e o Significado da Vida;*** *Cultrix;* São Paulo, SP.

Limberger, Pedronilda; ***Povo Planta Saúde;*** *ASSOESTE;* Cascavel, PR; 1989.

Maciel, Luiz Carlos; ***Anos 60;*** *L & PM;* São Paulo, SP; 1987.

Marmilicz, André; ***Auto Estima;*** *Vicentina;* Curitiba, PR; 2006.

Martinez, Paulo; ***Socialismo;*** *Scipione;* São Paulo, SP; 1999.

Mello, Leonel Itaussu A.; ***História Moderna e Contemporânea;*** *Scipione;* São Paulo, SP; 1999.

Moehlecke, Germano Oscar; ***Os Imigrantes Alemães e a Revolução Farroupilha;*** *Universidade de Caxias do Sul;* Caxias do Sul, RS; 1986.

Mohama, João; ***Amor Responsabilidade;*** *Agir;* Rio de Janeiro, RJ; 1972.

Muñoz, Ronaldo; ***Nova Consciência da Igreja na América Latina;*** *Vozes;* Petrópolis, RJ; 1979.

Oliveira, Rosiska Darcy de; ***A Violência Doméstica;*** *Marco Zero;* Rio de Janeiro, RJ; 1984.

Otoni, Teófolo; ***Abra a Porta;*** *Edições Paulinas;* São Paulo, SP; 1979.

Raknes, Ola; ***Wihelm Reich e a Organomia;*** *Summus Editorial;* São Paulo, SP; 1988.

Rial, Carmem Silvia Morais; ***Genealogias do Silêncio;*** *Feminismo e Gênero;* Florianópolis, SC; 2004.

Richter, Marta; ***Conservação da Biodiversidade;*** *EdiPucrs;* Porto Alegre, RS; 1998.

Rios, Dermil Ribeiro; ***Dicionário Global da Língua Portuguesa;*** *EPRM;* São Paulo, SP; 2004.

Russel, Peter; ***O Despertar da Terra;*** *Cultrix;* São Paulo, SP; 1982.

Sader, Eder; ***Marxismo e Teoria da Revolução Proletária;*** *Ática;* São Paulo, SP; 1986.

Schaaf, Alie Van Der; ***Jeito de Mulher Rural;*** *UPF;* Passo Fundo, RS; 2001.

Silva, Roberto E.; ***Diagnóstico Bioenergético;*** *Universalista;* Londrina, PR; 1997.

Souza, Ana Inês; ***Paulo Freire Vida e Obra;*** *Expressão Popular;* São Paulo, SP; 2001.

Souza, Herbert José de; ***Como se Faz Análise de Conjuntura;*** *Vozes;* Petrópolis, RJ; 1988.

Souza, Osvaldo Rodrigues de; ***História Geral;*** *Ática;* São Paulo, SP; 1987.

Uczai, Pedro (org.); ***Dom José Gomes: Mestre e Aprendiz do Povo;*** *Argos Editora Universitária;* Chapecó, SC; 2002; página 135.

Vidal, JoséWalter Bautista; ***Brasil Civilização;*** *Nação do Sol;* Brasília, DF; 2000.

Vier, de Frei Frederico; ***Compêndio do Vaticano II;*** *Vozes;* São Paulo, SP; 1981.

Weil, Pierre; & **Tompakov,** Roland; ***O Corpo Fala;*** *Vozes;* Petrópolis, RJ; 1995.

Woolf, Virginia; ***Um Teto Todo seu;*** *Círculo do Livro;* São Paulo; 1990; página 138.

Yum, Jong Suk; ***ABC da Saúde;*** *Convite;* São Paulo, SP; 1988.

Bibliografia Conscienciológica

Alegretti, Wagner; ***Retrocognições: Lembranças de Vidas Passadas;*** *Instituto Internacional de Projeciologia e Conscienciologia* (IIPC); Rio de Janeiro, RJ; 1998; página 125.

Arakaki, Kátia; ***Viagens Internacionais: O Nomadismo da Conscienciologia;*** *Associação Internacional Editares*; Foz do Iguaçu, PR; 2005.

Balona, Málu; ***Autocura Através da Reconciliação;*** *Instituto Internacional de Projeciologia e Conscienciologia* (IIPC); Rio de Janeiro, RJ; 2003; página 119.

Idem, Málu; ***Síndrome do Estrangeiro;*** *Instituto Internacional de Projeciologia e Conscienciologia* (IIPC); 2ª. ed.; Rio de Janeiro, RJ; 2000.

Cerato, Sonia; ***A Ciência da Conscienciologia e as Ciências Convencionais;*** *Instituto Internacional de Projeciologia e Conscienciologia* (IIPC); Rio de Janeiro, RJ; 1998.

Daou, Dulce; ***Autoconsciência e Multidimensionalidade;*** *Associação Internacional Editares;* Foz do Iguaçu, PR; 2005.

Grinvex, GPC; ***Gestações Conscienciais: Anais do II Cinvéxis;*** *Instituto Internacional de Projeciologia e Conscienciologia* (IIPC); Vols. 4; Rio de Janeiro, RJ; 2003.

Guzzi, Flávia; ***Mudar ou Mudar;*** *Instituto Internacional de Projeciologia e Conscienciologia* (IIPC); Rio de Janeiro, RJ; 1998.

Lacerda, Maria Tereza B.; ***A Pedra do Caminho;*** *Associação Internacional Editares;* Foz do Iguaçu, PR; 2009.

Luz, Marcelo da; ***Onde a Religião Termina?;*** *Associação Internacional Editares;* Foz do Iguaçu, PR; 2011.

Razera, Graça; ***Hiperatividade Eficaz: Uma Escolha Consciente;*** *Instituto Internacional de Projeciologia e Conscienciologia* (IIPC); Rio de Janeiro, RJ; 2001.

Salles, Rosemary; ***Consciência em Revolução;*** *Instituto Internacional de Projeciologia e Conscienciologia* (IIPC); Rio de Janeiro, RJ; 2003.

Vicenzi, Luciano; ***Coragem Para Evoluir;*** *Instituto Internacional de Projeciologia e Conscienciologia* (IIPC); Rio de Janeiro, RJ; 2001.

Vieira, Waldo; ***100 Testes da Conscienciometria;*** *Instituto Internacional de Projeciologia e Conscienciologia* (IIPC); Rio de Janeiro, RJ; 1997-a.

Idem; *200 Teáticas da Conscienciologia;* *Instituto Internacional de Projeciologia e Conscienciologia* (IIPC); Rio de Janeiro, RJ; 1997-b.

Idem; *700 Experimentos da Conscienciologia;* *Instituto Internacional de Projeciologia e Conscienciologia* (IIPC); Rio de Janeiro, RJ; 1994; páginas 121, 462.

Idem; *Conscienciograma: Técnica de Avaliação da Consciência Integral;* *Instituto Internacional de Projeciologia e Conscienciologia* (IIPC); Rio de Janeiro, RJ; 1996.

Idem; *Homo sapiens reurbanisatus;* *Princeps,* ED. Especial; *Associação Internacional do centro de Altos Estudos da Conscienciologia* (CEAEC); Foz do Iguaçu, PR; 2003; página 409.

Idem; *Manual da Dupla Evolutiva;* *Instituto Internacional de Projeciologia e Conscienciologia* (IIPC); Rio de Janeiro, RJ; 1997-c.

Idem; *Manual da Proéxis;* *Instituto Internacional de Projeciologia e Conscienciologia* (IIPC); Rio de Janeiro, RJ; 1999.

Idem; *Manual da Tenepes: Tarefa Energética Pessoal;* *Instituto Internacional de Projeciologia e Conscienciologia* (IIPC); Rio de Janeiro, RJ; 1995.

Idem; *Manual de Redação da Conscienciologia;* *Instituto Internacional de Projeciologia e Conscienciologia* (IIPC); Rio de Janeiro, RJ; 1997-d.

Idem; *Nossa Evolução;* 3ª Ed. Eletrônica; *Associação Internacional Editares*; Foz do Iguaçu, PR; 2012; páginas 7, 8, 30, 98.

Idem; *Temas da Conscienciologia;* *Instituto Internacional de Projeciologia e Conscienciologia* (IIPC); Rio de Janeiro, RJ; 1997-e.

ÍNDICE ONOMÁSTICO

ÍNDICE GEOGRÁFICO

ÍNDICE REMISSIVO

A

B

C

D

E

F

G

H

I

J

L

O

P

V

X

Z

INSTITUIÇÕES CONSCIENCIOCÊNTRICAS (ICs)

ICs. As Instituições Conscienciocêntricas – ICs – são organizações cujos objetivos, metodologias de trabalho e modelos organizacionais estão fundamentados no *Paradigma Consciencial.* A atividade principal das ICs é apoiar a evolução das consciências através da *tarefa do esclarecimento* pautada pelas *verdades relativas de ponta,* encontradas nas pesquisas no campo da Ciência Conscienciologia e especialidades.

Voluntariado. Todas as Instituições Conscienciocêntricas são associações independentes, de caráter privado, sem fins de lucro e mantidas predominantemente pelo trabalho voluntário de professores, pesquisadores, administradores e profissionais de diversas áreas.

CCCI. O conjunto das Instituições Conscienciocêntricas e dos voluntários da Conscienciologia no planeta compõe a *Comunidade Conscienciológica Cosmoética Internacional* – CCCI – formada atualmente por 20 ICs, incluindo a *Associação Internacional Editares.*

AIEC – Associação Internacional para Expansão da Conscienciologia

Fundação: 22/04/2005
Sede: Av. Felipe Wandscheer, 5.100, sala 111, Cognópolis
CEP: 85856-530, Foz do Iguaçu, Paraná, Brasil
Tel.: +55 (45) 2102-1411
Site: www.worldaiec.org
Contato: aiec.comunicacao@gmail.com

Campus Discernimentum: Av. Felipe Wandscheer, 5.100, sala 201, Cognópolis
CEP: 85856-530, Foz do Iguaçu, Paraná, Brasil
Tel.: +55 (45) 2102-1400
Contato: contato@discernimentum.org

APEX – Associação Internacional da Programação Existencial

Fundação: 20/02/2007
Sede: Rua da Cosmoética, 1.511, Cognópolis,
Caixa Postal 921,
CEP: 85851-000, Foz do Iguaçu, Paraná, Brasil
Tel.: +55 (45) 3525-2652 – Fax: +55 (45) 3525-5511
Site: www.apexinternacional.org
Contato: contato@apexinternacional.org

ARACÊ – Associação Internacional para a Evolução da Consciência

Fundação: 14/04/2001
***Campus* ARACÊ:** Rota do Conhecimento, Km 7, acesso pela BR-262, Km 87, Distrito de Aracê, Domingos Martins, Espírito Santo, Brasil
Endereço para correspondência: Caixa Postal 110 CEP: 29278-000, Pedra Azul Domingos Martins, Espírito Santo, Brasil
Tel.: +55 (27) 9739-2400
Site: www.arace.org
Contato: associacao@arace.org

ASSINVÉXIS – Associação Internacional de Inversão Existencial

Fundação: 22/07/2004
***Campus* de Invexologia:** Av. Maria Bubiak, 1.100, Cognópolis, CEP: 85853-728, Foz do Iguaçu, Paraná, Brasil
Tel.: +55 (45) 3525-0913
Site: www.assinvexis.org
Contato: contato@assinvexis.org

ASSIPEC – Associação Internacional de Pesquisas da Conscienciologia

Fundação: IC apresentada oficialmente na Tertúlia Conscienciológica do dia 14/08/2011
Sede: Rua XV de Novembro, 1.681, Vila Municipal, CEP: 13201-006, Jundiaí, São Paulo, Brasil
Tel.: +55 (11) 4521-8541
Site: www.assipec.org
Contato: assipec@assipec.org

ASSIPI – Associação Internacional de Parapsiquismo Interassistencial

Fundação: 29/12/2011
Sede: Av. Felipe Wandscheer, 5.100, sala 212, Cognópolis, CEP: 85856-530, Foz do Iguaçu, Paraná, Brasil
Tel.: +55 (11) 2102-1421 – VOIP: +55 (45) 4053-9818
Site: www.assipi.org
Contato: assipi@assipi.com

CEAEC – Associação Internacional do Centro de Altos Estudos da Conscienciologia

Fundação: 15/07/1995
Sede: Rua da Cosmoética, 1.511, Cognópolis, Caixa Postal 921 CEP: 85851-000, Foz do Iguaçu, Paraná, Brasil
Tel.: +55 (45) 3525-2652 – Fax: +55 (45) 3525-5511
Site: www.ceaec.org
Contato: ceaec@ceaec.org

COMUNICONS – Associação Internacional de Comunicação Conscienciológica

Fundação: 24/07/2005

Sede: Av. Felipe Wandscheer, 5.100, sala 206, Cognópolis

CEP: 85856-530, Foz do Iguaçu, Paraná, Brasil.

Tel.: +55 (45) 2102-1409

Site: www.comunicons.org.br

Contato: comunicons@comunicons.org

CONSCIUS – Associação Internacional de Conscienciometria

Fundação: 24/02/2006

Sede: Rua da Cosmoética, 1.511, Cognópolis, Caixa Postal 921

CEP: 85851-000, Foz do Iguaçu, Paraná, Brasil.

Tel.: +55 (45) 3525-2652 – Fax: +55 (45) 3525-5511

Site: www.conscius.org.br

Contato: conscius@conscius.org.br

ECTOLAB – Associação Internacional de Pesquisa Laboratorial em Ectoplasmia e Paracirurgia.

Fundação: 14/07/2013.

Sede: Av. Felipe Wandscheer, 5.100, sala 105, Cognópolis

CEP: 85856-630, Foz do Iguaçu, PR, Brasil

Tel.: +55 (45) 2102-1427

Site: www.ectolab.org

Contato: ectolab@ectolab.org

EDITARES – Associação Internacional Editares

Fundação: 23/10/2004

Sede: Av. Felipe Wandscheer, 5.100, sala 107, Cognópolis

CEP: 85856-530

Foz do Iguaçu, Paraná, Brasil

Tel.: +55 (45) 2102-1407 – VOIP: +55 (45) 4053-953

Site: www.editares.org

Shopcons: www.shopcons.com.br (portal de compra de livros)

Contato: editares@editares.org

EVOLUCIN – Associação Internacional de Conscienciologia para Infância

Fundação: 09/07/2006

Sede: Av. Felipe Wandscheer, 5.100, sala 102, Cognópolis

CEP: 85856-530, Foz do Iguaçu, Paraná, Brasil

Tel.: +55 (45) 9909-6129

Site: www.evolucin.org

Contato: evolucin@gmail.com

IAC – International Academy of Consciousness

Fundação: 28/10/2000

***Campus* IAC:** EN18, Km 236 – Herdade da Marmeleira, 7100-300, Evoramonte, Portugal

Representação no Brasil: Av. Felipe Wandscheer, 5.100, sala 204, Cognópolis

CEP: 85856-530, Foz do Iguaçu, Paraná, Brasil

Tel.: +55 (45) 2102-1424

Site: www.iacworld.org

Contato: brasil@iacworld.org

IIPC – Instituto Internacional de Projeciologia e Conscienciologia

Fundação: 16/01/1988

Sede: Av. Felipe Wandscheer, 5.100, sala 103, Cognópolis

CEP: 85856-530, Foz do Iguaçu, Paraná, Brasil

Tel.: +55 (45) 2102-1448

Site: www.iipc.org.br

Contato: iipc@iipc.org.br

***Campus* de Pesquisas IIPC:** Estrada do Universalismo, 1.177

CEP: 28997-970 Sampaio Correa, Saquarema, Rio de Janeiro, Brasil

Tel.: +55 (22) 2654-1186

Contato: campussaquarema@iipc.org

INTERCAMPI – Associação Internacional dos Campi de Pesquisas da Conscienciologia

Fundação: 23/07/2005

Sede: Av. Antonio Basílio, 3.006, sala 602, Lagoa Nova, CEP: 59056-005, Natal, Rio Grande do Norte, Brasil

Tel.: +55 (84) 3211-3126

Site: www.intercampi.org

Contato: intercampi@intercampi.org

OIC – Organização Internacional de Conscienciοterapia

Fundação: 06/09/2003

***Campus* OIC:** Av. Felipe Wandscheer, 5.935, Cognópolis

CEP: 85856-530

Foz do Iguaçu, Paraná, Brasil

Tel.: +55 (45) 3025-1404 / 2102-1402

Site: www.oic.org.br

Contato: aco@oic.org.br

REAPRENDENTIA – Associação Internacional de Parapedagogia e Reeducação Consciencial

Fundação: 21/10/2007

Sede: Rua da Cosmoética, 1.511, Cognópolis, Caixa Postal 921

CEP: 85851-000, Foz do Iguaçu, Paraná, Brasil

Tel.: +55 (45) 3525-2652 – Fax: +55 (45) 3525-5511

Site: www.reaprendentia.org

Contato: contato@reaprendentia.org.br

RECONSCIENTIA – Associação Internacional de Pesquisologia para Megaconscientização

Fundação: 02/07/2011
Sede: Av. Felipe Wandscheer 5100, Sala 104, Cognópolis
CEP: 85856-530, Foz do Iguaçu, Paraná, Brasil
Tel.: +55 (45) 9993-2000
Contato: pesquisologia@gmail.com

UNICIN – União das Instituições Conscienciocêntricas Internacionais

Fundação: 22/01/2005
Sede: Av. Felipe Wandscheer, 5.100, sala 105, Cognópolis
CEP: 85856-530, Foz do Iguaçu, Paraná, Brasil
Tel.: +55 (45) 2102-1405
Site: www.unicin.org
Contato: unicin@unicin.org

UNIESCON – União Internacional de Escritores da Conscienciologia

Fundação: 23/11/2008
Sede: Av. Felipe Wandscheer, 5.100, sala 109, Cognópolis
CEP: 85856-530, Foz do Iguaçu, Paraná, Brasil
Site: www.uniescon.org
Contato: uniescon.ccci@gmail.com

TÍTULOS PUBLICADOS PELA EDITARES

AUTOR	*TÍTULO*
Alexandre Nonato	**JK E OS BASTIDORES DA CONSTRUÇÃO DE BRASÍLIA**
Alexandre Nonato *et. al.*	**INVERSÃO EXISTENCIAL**
Antonio Pitaguari / Marina Thomaz	**REDAÇÃO E ESTILÍSTICA CONSCIENCIOLOGIA**
Cirleine Couto	**CONTRAPONTOS DO PARAPSIQUISMO**
Dalva Morem	**SEMPRE É TEMPO**
Dulce Daou	**AUTOCONSCIÊNCIA E MULTIDIMENSIONALIDADE**
Flávio Buononato	**ANUÁRIO DA CONSCIENCIOLOGIA**
Graça Razera	**HIPERATIVIDADE EFICAZ**
Jayme Pereira	**BÁRBARAH VAI À ESTRELA**
	PRINCÍPIOS DO ESTADO MUNDIAL COSMOÉTICO
Julieta Mendonça	**MANUAL DO TEXTO DISSERTATIVO**
Julio Almeida	**QUALIFICAÇÕES DA CONSCIÊNCIA**
Kátia Arakaki	**VIAGENS INTERNACIONAIS**
Lilian Zolet / Guilherme Kunz	**ACOPLAMENTARIUM**
Lourdes Pinheiro / Felipe Araújo	**DICIONÁRIO DE VERBOS CONJUGADOS**
Luciano Vicenzi	**CORAGEM PARA EVOLUIR**
Lucy Lutfi	**VOLTEI PARA CONTAR**
Mabel Teles	**PROFILAXIA DAS MANIPULAÇÕES**
Málu Balona	**AUTOCURA ATRAVÉS DA RECONCILIAÇÃO**
	SÍNDROME DO ESTRANGEIRO
Marcelo da Luz	**ONDE A RELIGIÃO TERMINA?**
Maria Thereza Lacerda	**A PEDRA DO CAMINHO**
Maximiliano Haymann	**SÍNDROME DO OSTRACISMO**
Moacir Gonçalves / Rosemary Salles	**DINÂMICAS PARAPSÍQUICAS**
Rodrigo Medeiros	**CLARIVIDÊNCIA**
Rosa Nader	**MANUAL DE VERBETOGRAFIA**
Silda Dries	**TEORIA E PRÁTICA DA EXPERIÊNCIA FORA DO CORPO**
Tony Musskopf	**AUTENTICIDADE CONSCIENCIAL**

Vera Hoffmann	SEM MEDO DA MORTE
Wagner Alegretti	RETROCOGNIÇÕES
Waldo Vieira	700 EXPERIMENTOS DA CONSCIENCIOLOGIA
	CRISTO ESPERA POR TI (Edição Comentada)
	ENCICLOPÉDIA DA CONSCIENCIOLOGIA
	HOMO SAPIENS PACIFICUS
	MANUAL DA DUPLA EVOLUTIVA
	MANUAL DA PROÉXIS
	MANUAL DA TENEPES
	MANUAL DOS MEGAPENSENES TRIVOCABULARES
	NOSSA EVOLUÇÃO
	O QUE É A CONSCIENCIOLOGIA
	PROJECIOLOGIA
	PROJEÇÕES DA CONSCIÊNCIA

1. *Área da Pesquisa:*

Este livro pesquisa temas da *Recexologia*, especialidade da *Conscienciologia*.

2. *Princípio da Descrença:*

Não acredite em nada, nem mesmo nas informações expostas neste livro, o inteligente é fazer pesquisas pessoais sobre os temas.

EDITARES

* 9 7 8 8 5 9 8 9 6 6 8 0 9 *

ND - #0205 - 170726 - C0 - 234/156/13 - PB - 9788598966809 - Matt Lamination